Joseph Kuate

L'anthropologie théologique des RTA comme chemin au dialogue interreligieux

Joseph Kuate

L'anthropologie théologique des RTA comme chemin au dialogue interreligieux

Éditions Croix du Salut

Imprint

Cover image: www.ingimage.com

Publisher:
Éditions Croix du Salut
is a trademark of
Dodo Books Indian Ocean Ltd. and OmniScriptum S.R.L publishing group

120 High Road, East Finchley, London, N2 9ED, United Kingdom
Str. Armeneasca 28/1, office 1, Chisinau MD-2012, Republic of Moldova, Europe
Printed at: see last page
ISBN: 978-620-6-16870-6

PREFACE

L'expression de la foi, de la relation avec l'Etre Souverain et Suprême, est regroupé en Afrique sous le terme unique et générique de Religions Traditionnelles Africaine. Si on ne sait pas jusqu'à quel niveau cette appellation rend raison de la réalité religieuse en Afrique, on doit reconnaitre qu'il a donné aux théologiens africains, et surtout aux anthropologues d'articuler et de formuler la dimension religieuse de l'Africain.

L'univers de la religion en Afrique est très vaste, peut-être même polysémique. L'absence des textes fondateurs et formateurs, donne naturellement lieu à une grande diversité au bout duquel on peut plutôt se demander si toute ces expressions dans leur richesse et leur diversité peuvent se formuler dans un discours. On peut aussi se demander ce qui se passe dans tout essai de discours sur la réalité religieuse africaine : les pertes, les éléments laissés en chemin sont-ils moins pertinents que ceux considérés ? ne court-on pas le risque de formuler ce discours afin qu'il soit lu par des chemins conventionnellement conditionnés.

Pourtant, il faut se dire que la difficulté ne justifie jamais l'abandon, ni le silence, et c'est le mérite de cette recherche qui vient dans la grande tradition de la théologie fondamentale qui mêle l'apologétique et la pratique. Comme toutes les recherches en ce domaine, nous laissons les non dits, ce qui est laissé de côté, pour apprécier dans cette recherche un troisième élément qui fait sa particularité, son originalité, la dimension historique de la recherche.

Finalement, on peut dire que la recherche part d'une apologétique pour faire une théologie de l'histoire. La particularité de cette théologie de l'histoire, ce qui fait sa pertinence, est de situer dans une trajectoire sotériologique l'expression de la croyance africaine, en l'ouvrant à la rencontre avec les autres religions, et surtout le christianisme. C'est cet effort qui donne par la suite à l'auteur l'opportunité d'aborder la question du dialogue religieux, comme un élément constitutif de toute vraie théologie.

La présente recherche est aussi une source abondante, non pas seulement en matière apologétique, mais en théodicée africaine. Les théophores, l'étude des rites, non seulement fournissent des indications précieuses pour appuyer les affirmations contenues dans l'hypothèse de recherche, mais qui deviennent des informations intéressantes, à partir des éléments qui jusque-là semblaient anodins.

Le véritable dialogue est donc fondamentalement un chemin de vérité, et non une épreuve de compromis. Il part de la découverte esthétique qui fonde inéluctablement l'éthique de la rencontre. Ce qui est beau, ne peut l'être que s'il est aussi radicalement bon. Et les éléments de la cosmologie, de l'anthropologie, et de l'histoire que nous propose cette recherche éveille nos sens à l'esthétique radicale que l'âme humaine, protégée du péché peut produire.

Mais, et c'est là l'urgence du dialogue, comme l'âme a été touchée par le péché, l'esthétique radicale demeure un idéal, une aspiration que les traditions religieuses portent et transmettent. L'esthétique de chaque présentation affronte l'incompréhension, et en retour clame sa beauté originelle, et son innocence. Ce schéma rappelle l'effet du péché partout, son impact universel sur les chemins de l'humain, et vient conforter l'affirmation de l'encyclique *Fides et Ratio* selon laquelle *tout chemin authentique de Dieu est un chemin d'humanité, et de même tout chemin authentique d'humanité est un chemin de Dieu*.

Le langage sobre est toujours un langage savant. Il permet de rendre accessible la lumière à tous. Le savoir n'est pas l'expression d'une gnose, mais l'émerveillement devant la clarté de la vérité. Cette recherche porte ainsi la marque de l'humilité du langage et des concepts qui rendent la lecture agréable, et permet de naviguer dans découverte de la beauté du trésor spirituel de l'africain, de l'humain.

André Marie Kengne

INTRODUCTION

Longtemps combattues par les religions abrahamiques (Islam et christianisme en occurrence) comme paganisme, animisme, fétichisme, ancestrisme, totémisme… et autres « ismes » encore, les religions traditionnelles africaines résistent à mourir. Si elles subsistent malgré les tempêtes du monde scientifique et d'autres religions, c'est parce qu'elles comportent des solides convictions sur Dieu, l'homme et le monde. En d'autres termes, ses valeurs ne cessent d'être redécouvertes par les chercheurs sérieux. Le Pape Paul VI emboîtait le pas au concile Vatican II qui a encouragé au dialogue avec les cultures en écrivant dans *Africae Terrarum* (une lettre qu'il adressa uniquement à l'Afrique en 1967) :

> *Nous nous sommes toujours réjouis du développement des études sur l'Afrique et nous voyons avec satisfaction que la connaissance de son histoire et de ses traditions se répande de plus en plus. Si elles sont menées avec loyauté et selon des méthodes objectives, ces études ne peuvent que conduire à une compréhension plus exacte et une appréciation plus juste du passé de l'Afrique et de sa situation actuelle. Ainsi, l'histoire des peuples d'Afrique, d'après les acquisitions ethnologiques les plus récentes et malgré le manque de documents écrits, se présente comme extrêmement complexe, certainement très riches de caractères propres et d'expériences spirituelles et sociales, au sujet desquels les spécialistes poursuivent avec profit leurs analyses et leurs études approfondies. Beaucoup de coutumes et de rites considérés jadis comme simplement étrangers et rudimentaires, apparaissent aujourd'hui […] comme parties intégrantes de systèmes sociaux particuliers, qui valent la peine d'être étudiés et qui s'imposent au respect.*[1]

Jean-Paul II renchérit dans *Ecclesia in Africa* en écrivant :

> *Les Africains ont un profond sens religieux, le sens du sacré, le sens de l'existence de Dieu Créateur et d'un monde spirituel. La réalité du péché, sous ses formes individuelles et sociales, est très présente dans la*

[1]Paul VI, *Africae Terrarum*, n°7.

conscience de ces peuples, comme le sont également les rites de purification et d'expiation.[2]

Les religions traditionnelles africaines représentent un grand effort de compréhension de l'homme et du monde dans un contexte plus ample, afin d'établir une relation authentique et harmonieuse entre l'homme et le monde visible et entre l'homme et le monde invisible. Ces religions sont un ensemble de systèmes cohérents, c'est-à-dire de croyances et de pratiques, une vision globale du monde qui imprègne toute la vie individuelle et collective, en orientant et en réglant les relations interpersonnelles entre les vivants et les morts. Culture et religion constituent en Afrique une seule réalité, source de vie, de famille et d'identité. Toute la vie est sacrée chez l'Africain de la naissance à la mort et même au-delà de la mort. Il a un respect pour ce qui regarde la vie et la mort. Nous entendons par sacré une chose entourée d'interdits, de respect et de vénération. Chaque étape de la vie est sanctionnée par une entrée dans le monde religieux : la naissance, la puberté, l'entrée dans un corps (métier), le mariage, la grossesse, la parturition, la mort. Autrement dit, les religions traditionnelles africaines codifient les normes de comportement pour la vie sociale et la vie spirituelle. Les RTA « demeurent le véhicule de l'observance des normes éthiques de la vie communautaire, de l'égalitarisme et de l'ordre social constamment désiré par les ancêtres… ».[3]

L'Africain amène partout sa religion : au champ, en voyage, au repos. A en croire Buakassa : « Aujourd'hui, la religion africaine n'existe nulle part, mais elle est partout, dans les consciences, dans les opérations spirituelles ou empiriques, dans les représentations, dans les attitudes, dans les gestes, dans les proverbes, dans les légendes… Elle est partout, à la campagne comme à la ville,

---

[2] Jean-Paul II, *Ecclesia in Africa*, n°42.

[3] Mwene Batende, « Dialogue entre le christianisme et les religions traditionnelles africaines. Bilan et perspectives au regard de « Ecclesia in Africa » », in *Pan-Africanan Congres on Evangelization*, SCEAM, Dar-es-Salam 2007, 137.

dans les procès judiciaires comme dans les conventions politiques ».[4] C'est la raison qui amènera certains anthropologues à considérer l'Africain comme l'homme incurablement religieux.

Beaucoup de nos devanciers ont fait de brillantes recherches sur les RTA en vue de les défendre de certaines accusations visant à ternir leur image ou voulant prouver la compatibilité de certains de leurs aspects avec d'autres religions, le christianisme en occurrence. Notre intention ici n'est ni défensive ni nécessairement en vue d'une étude comparée. Nous voulons présenter les RTA comme des religions capables de dialoguer, autrement dit ouvert au donner et au recevoir. Pour donner, il faut d'abord avoir et s'assurer que ce que l'on donne n'est pas ce qui peut ridiculiser faute de quoi on s'appauvrira en suscitant chez l'autre de la méfiance. Il est louable qu'on donne aussi pour enrichir l'autre. C'est en donnant le meilleur de nous-mêmes que nous pouvons recevoir le meilleur des autres aussi. Je disais dans un débat récemment où beaucoup de personnes se plaignaient que les Occidentaux ont exterminé la culture africaine ceci : Nous ne devrons pas trop nous lamenter que les Européens ont détruit nos cultures, c'est nous-mêmes avec nos complexes d'infériorité qui avons contribué à les détruire. Chez eux, la destruction des religions traditionnelles a été sans pareil. L'Empereur Théodose (379-395) a systématiquement rasé la religion romaine avec la démolition des temples et des sanctuaires et la mise à mort de ceux qui s'y adonnaient encore couplée d'une imposition forcée du christianisme, qui, rappelons-le, n'est pas une religion d'origine occidentale. Les Occidentaux n'ont engagé chez nous aucune inquisition contre ceux qui pratiquent les RTA, même si l'on a excommunié ou menacer d'excommunier certains chrétiens ou considérer leur participation à un rite traditionnel comme du syncrétisme et même s'il l'on a confisqué des fétiches pour aller enrichir les musées ailleurs. Notre mal réside d'une part dans le fait que ce qui nous est

[4] G. Buakassa, *Impact de la religion africaine sur l'Afrique d'aujourd'hui*, cité par René Tabard, « Religions traditionnelles et formation théologique », in *Revue des sciences religieuses de l'université de Strasbourg*, 84 (2010), 194.

intime est parfois entouré de secret et que cela suscite les préjugés et d'autre part parce que nous avons la paresse à développer les patrimoines reçus de nos ancêtres sous le prétexte que les traditions doivent rester statiques. Derrière il y a la peur de la perte des valeurs. Mais à la vérité, ne peut se perdre que ce qui n'avait qu'une valeur apparente. La véritable valeur résiste à la destruction comme l'or au feu. Certes, il y a des antivaleurs comme partout qui peuplent les pratiques et s'en débarrasser n'est qu'une chance. C'est en partageant qu'on se développe. Les traditions doivent évoluer en s'adaptant au temps, en empruntant des autres, en entrant en dialogue avec eux. C'est ainsi que nous voulons que ce petit livre soit une exquise de théologie et pratique des RTA pour frayer un chemin au dialogue interreligieux. Le terme « théologie », conçu en dehors du christianisme, est absent de la Bible et sera récupéré par les Pères de l'Eglise et les écrivains chrétiens postérieurs à eux qui le présentent comme la connaissance de Dieu par la révélation, la science du salut... La théologie était chez les grecs un discours sur les divinités. Elle faisait donc référence à la mythologie. Chez Aristote, la théologie est la partie de la philosophie qui explique les êtres en tant qu'êtres et les êtres mobiles par l'être immobile. Pour les stoïciens, sa fonction est cosmologique, c'est-à-dire qu'elle est une vision du l'univers. Toute religion est soutenue par un corps doctrinal qui recèle la vision de l'homme sur Dieu, sur le cosmos et sur lui-même. Outre le corps doctrinal, la religion est constituée aussi de règles pratiques (interdits, tabous, commandements…), mais aussi de culte et des rites. Nous voulons ainsi inviter les chercheurs à dépasser les revendications et les plaintes pour déceler ou ficeler un corps doctrinal des RTA en jetant quelques jalons. Nous sommes certains que la circonscription de ce corps doctrinal limitera les suspicions faites jusqu'ici des RTA et ouvrira une brèche à la discussion avec les autres religions et même les sciences humaines.

Nous nous donnons comme mission dans les lignes qui suivent, à présenter la conception de Dieu dans les RTA, puis à parler des éléments qui constituent les pièces maîtresses de ces religions, à savoir, le culte des ancêtres, la relation de l'homme avec les génies et les esprits. Nous aborderons l'anthropologie dans ces religions avant de chuter sur certaines pratiques de qui peuvent ouvrir des brèches pour le dialogue interreligieux.

CHAPITRE I. NOTION DE DIEU ET SON CULTE DES RELIGIONS TRADITIONNELLES AFRICAINES

1. Notion de l'Etre suprême dans les religions africaines

Le Colloque de Cotonou tenu en août 1970 sur le thème « Les religions africaines comme source de valeurs de civilisation » a énoncé trois principes de fond qui sous-tendent toutes conceptions religieuses des peuples d'Afrique subsaharienne : Le monothéisme, la force vitale et l'harmonie.

Pendant longtemps, on a pensé que les religions traditionnelles africaines étaient polythéistes ou panthéistes. Des observateurs et des spécialistes ont été dupés par beaucoup de noms avec lesquels les différents peuples africains appelaient l'Etre Suprême et sur l'étroite corrélation existante entre leur conception, leur pratique religieuse et leur habitat naturel. D'une part, ils ne se rendaient pas compte que les différents noms ne renvoyaient pas aux différentes divinités, mais indiquaient simplement les différents attributs de l'Etre Suprême, et d'autre part, ils croyaient que les Africains divinisaient et vouaient un culte aux réalités du milieu duquel ils tiraient vie et subsistance. Il est tout à fait naturel que les Pygmées, les Boschimans, les Hottentots mêlent Dieu à la chasse en le mixant par exemple dans la hiérarchie des plus grands chasseurs ; les peuples pasteurs comme les Peuls, les Tutsis, les Nuer et les Massais mêlent Dieu à l'élevage et lui attribuent la fécondation des animaux et des hommes ; les peuples de la forêts comme les Fangs, les Bëtis, les Mongos mêlent Dieu à la régénération de la végétation ; les peuples de la savane, généralement agriculteurs comme les Bambara, les Bamiléké, mêlent Dieu à la fécondité du sol et les rites chez eux ont des relations avec les saisons et ont plein d'éléments agraires (les Bamiléké ont, par exemple, un même nom pour désigner Dieu et la terre) ; les peuples sahéliens comme les Dogons, les Malinkés, qui vivent périodiquement une sécheresse prolongée, établissent une relation entre l'eau et l'Etre suprême et peuvent désigner Dieu par l'eau…

Pourtant, les religions traditionnelles africaines présentent une conception absolument pure de l'Etre Suprême. Selon Bernard Maillard, « l'Etre Suprême (...) est omniprésent en tant qu'horizon ultime de toute expérience religieuse et mystique. Par le fait même, il se démarque de toutes les entités définies et indéfinies qui peuplent le cosmos ».[5] La conception de l'Etre Suprême dans les religions traditionnelles africaines est plus pure que dans la conception traditionnelle hébraïque. Dieu est l'Etre qui est au-delà de tout ce qui peut exister et de tout ce qui peut être conçu. Il n'y a aucun doute pour les Africains que Dieu existe même s'ils n'ont pas une théologie clairement élaborée sur lui. Beaucoup d'anthropologues le confirment. Baba Simon, par exemple, l'a expérimenté chez les montagnards du Nord-Cameroun péjorativement appelés « Kirdi ». Un jour, il demanda au grand prêtre de la montagne :

> *Pour toi, Dieu, c'est qui ? Il lui répondit : « Dieu, c'est Dieu ! » Baba Simon continue - « Crois-tu que c'est Dieu qui nous as créés, qui a fait tous les hommes, toi et moi ? » « Si ce n'est pas lui, qui nous aurait faits, répondit le vieillard, d'où sommes-nous sortis ?* [6]

Cette conversation ressemble à celle du Père Louis Guth, avec un vieillard à Baham, du nom de Sop, le 30 octobre 1943.

- *Pourquoi es-tu noir, lui demandai-je, alors que je suis blanc ?*[7]
- *C'est Dieu, me répondit-il, qui nous a faits ainsi l'un et l'autre.*
- *Tu as vu Dieu ?*
- *Personne n'a vu Dieu. Mais il existe. Lui seul a pu faire la terre et le ciel au-dessus de nous.*
- *J'ai entendu dire souvent que le premier chef est Dieu. Ce serait lui qui a fait la terre ?*
- *Ce n'est pas vrai. Dieu a fait la terre. Et le premier chef était un homme comme nous, il n'a pas fait la terre il l'a trouvée telle quelle...Nous*

[5] Bernard Maillard, *Pouvoir et religion. Les structures socio-religieuses de la chefferie de Bandjoun*, Ed Peter Lang, Bern-Frankfurt am Main, New-York, 1984.

[6] Christian Aurenche, *Tokombéré au pays des grands prêtres. Religions africaines et évangile peuvent-ils inventer l'avenir ?* Les éditions de l'atelier/Editions ouvrières, Paris, 1996.

[7] Conversation trouvée dans les archives de la Maison générale de Rome entre le Père Louis Guth, le vieillard Sop et sa femme. Elle a eu lieu le 30 octobre 1943 à Baham (Cameroun).

n'avons jamais regardé un chef comme Dieu ; ni le chef actuel, ni le premier chef. Il n'est rien du tout, homme comme nous, il doit, comme nous, s'adresser à Dieu. Le chef est un homme et Dieu est Esprit. J'ai vu 3 chefs se succéder à Ham et mon aïeul est sorti de la chefferie.

- *Le premier chef n'est pas devenu dieu à sa mort ?*
- *Sottise ! Si un homme pouvait devenir dieu, ce serait le Blanc. Celui-là sait tout faire sauf empêcher les hommes de mourir !*
- *Pourtant le premier chef est Dieu, la preuve c'est que le dieu de Ham (Baham) n'est pas le même que celui de Djoum (Bandjoun) ou de Fousam (Bafousam).*
- *Ce n'est pas vrai ! C'est le même Dieu partout, celui qui a fait la terre et le ciel.*

Dans les religions traditionnelles africaines, il n'y pas trace de la conception populaire de l'Ancien Testament de Jahvé, comme un Dieu guerrier qui marche à la tête de son peuple, qui lance des foudres et des éclairs sur tous les autres peuples de la terre. L'Etre Suprême des peuples africains n'a pas d'ennemis, il n'est en compétition avec aucune personne, il ne veut détruire personne. C'est pour cela qu'en matière de religion, l'Africain est très tolérant. Il sait que chaque peuple à sa manière d'appréhender l'Etre Suprême qui n'est la propriété de personne. Par ailleurs, l'Etre Suprême des religions africaines n'est pas le Dieu ascétique et éloigné de la philosophie grecque relégué au rôle simple de moteur immobile et de cause première. Les religions traditionnelles africaines ont su conjuguer ensemble éloignement et proximité de Dieu, transcendance absolue et présence absolue : « Dieu est transcendant pour ce qui concerne son être et immanent pour ce qui concerne ses manifestations ».[8] Ses manifestations aux hommes sont exprimés par des noms théophores qui disent en quelque sorte ce qu'a fait Dieu pour ceux qui les donnent ou ce qu'il fera pour eux. Nous avons chez les Eton le nom de EBUG NZAMBA (parole de Dieu). On donne probablement ce nom à un enfant dont on espérait pas la venue pour dire qu'il

[8] Amadou Hampate Ba, *Aspects de la civilisation africaine,* Présence Africaine, Paris 1972, p. 71.

est le miracle de Dieu ou pour signifier que la famille est témoin d'une situation heureuse inattendue (dénouement d'un blocage). Chez les Bamiléké, nous avons les SIKATI (Dieu ne dort pas) pour dire que la venue de l'enfant montre que Dieu a exaucé les prières; SILATCHOM (Dieu aura pitié) pour marquer l'espérance de la famille sur un projet qu'elle confie à Dieu. Selon Gabriel Nissim:

> Dieu *intervient dans les causes désespérées, pour la défense de l'innocent, pour donner des bienfaits, surtout quand ceux-ci sont extraordinaires, ou inattendus (jumeaux, chef, enfant longtemps attendu). Il n'est pas comme les hommes : il connaît la vérité ; son intervention est toute-puissante, on ne peut y résister.*
>
> L'homme *remet sa cause désespérée entre les mains de Dieu comme ultime recours. Dieu ne manquera pas de faire justice. Il remet aussi l'enfant à Dieu. Il espère donc et il attend. Il affirme sa reconnaissance : il reconnaît que c'est l'intervention de Dieu qui a produit le résultat célébré ; il remercie ; il accepte ce qui vient de Dieu, par exemple la pauvreté, ou le chef.*[9]

Il est clair que pour les peuples africains, l'Etre Suprême est absolument unique. Il est la source de toute vie existante dans l'univers. Il vit loin des hommes, mais en même temps, il est proche d'eux dans ses manifestations. Autrement dit, il est transcendant et immanent. Il y a toutefois la conception qu'il a laissé la gestion courante des choses et des événements à des lieutenants omniprésents et tout-puissants, bienveillants et malveillants qui peuplent l'univers (les esprits, les génies et les ancêtres).[10] Les hommes rendent rarement un culte public et officiel à Dieu, c'est plutôt le culte privé qu'ils lui rendent le plus souvent et cela pour ce qui concerne la fécondité et la prospérité. Pour demander par exemple une bonne récolte, les pluies, pour envoyer une fille en mariage, des sacrifices sont faits à Dieu. Dans les religions traditionnelles africaines, il ne manque pas donc d'élan

[9] Gabriel Nissim cité dans *Noms théophores d'Afrique,* ouvrage collectif publié par CEEBA publications, Série II, Vol. 45, Bandundu 1977, République du Zaïre, Diffusion L'Harmattan, Paris et Steyler Verlag, D-5205 St Augustin, p. 66.

[10] Cf Mgr Jean Zoa, *Homélie de Noël 1988.*

mystique, non seulement on tâche de connaître Dieu de mieux en mieux, mais on veut aussi, le mieux possible, entrer en relation et en communion avec lui.

2. Eloignement de Dieu

Nous avions dit que les RTA ont su conjuguer l'éloignement et la proximité de Dieu. Son éloignement est décrit dans les dictons et les mythes. La sagesse Fang dit par exemple :

> *Nzambe est en haut, l'homme est en bas*
> *Dieu, c'est Dieu, l'homme c'est l'homme*
> *Chacun chez soi, chacun en sa maison.*[11]

Une telle pensée insinue ce que l'on appelle l'athéisme pratique. A travers ce dicton, nous découvrons que certains Africains croient qu'ils n'ont rien affaire avec Dieu. Dans ce sens, on comprend Eloi Messi Metogo qui écrivait que Dieu peut mourir en Afrique et montrait les germes de l'athéisme dans les traditions africaines quoiqu'on dise que les Africains sont des incurables religieux. Mgr Zoa parlait aussi de l'éloignement de Dieu dans les RTA quand il écrivait :

> *Nos ancêtres étaient fondamentalement monothéistes : ils croyaient en un Etre Suprême unique, mais qui, retiré dans son inconnu intemporel, avait laissé la gestion courante des choses et des événements à des lieutenants omniprésents et tout-puissants bienveillants et malveillants.*[12]

Il y a des mythes qui présentent l'Etre Suprême comme loin, habitant un monde différent de celui où vivent les hommes. Après avoir créé le monde visible et avoir tenté pour un temps bref de vivre au milieu des hommes, l'Etre Suprême s'est retiré au ciel. Depuis lors il ne communique plus avec l'homme ni directement ni par personne interposée. Le monde divin et le monde humain sont deux mondes séparés, juxtaposés, sans communication entre eux. L'être Suprême est absolument autosuffisant et non influençable. « Dieu est omniprésent mais tellement grand qu'on ne le dérange pas pour les événements ordinaires. Les

[11] Louis -Vincent Thomas. - René Luneau., *La terre africaine et ses religions*, L'Harmattan, Paris, 2004, p. 135.
[12] Mgr Jean Zoa, Homélie de Noël 1988.

naissances, les mariages, les grossesses et même la mort se passent sans que les villageois se tournent vers lui. C'est l'affaire des ancêtres. Cependant, on lui présentera le nouveau-né en même temps qu'aux ancêtres devant le *boukarou* du *partefamilias* ».[13]

Pour toujours ses desseins et décrets sont établis et personne ne pourrait les changer ni les modifier. Dans ce sens, ni la vie morale, ni la vie religieuse et cultuelle de l'homme ne le touche jamais. C'est ainsi qu'on se réfère plus à ces lieutenants (ancêtres, esprits, génies) qu'à lui, même si l'on ne l'ignore pas. Ce sont eux qui gèrent les besoins des hommes et peuvent les influencer.

Les récits étiologiques informent que le retrait de Dieu a eu un début, autrement dit, l'éloignement de Dieu a eu une cause originelle. Le mythe Giziga du Nord-Cameroun est une illustration.[14]

Toutefois, Dieu n'est pas culpabilisé dans les RTA. C'est toujours l'homme ou une créature qui a causé son éloignement. De même, les RTA le dédouanent de la cause de la mort. Les mythes culpabilisent toujours les hommes ou les animaux qui, par leur inattention, fourberie et sottise, ont fait venir la mort dans le monde.

3. La proximité de Dieu

Même si à certains égards Dieu est considéré comme lointain, les Africains dans leur expérience religieuse sentent et expriment sa présence. Ils le signifient par des noms théophores qui soulignent les interventions de Dieu dans leur vie. Selon Bernard Maillard, « porter un nom théophore, c'est plus qu'invoquer une proche, une expérience de l'Etre Suprême, c'est à la fois, un projet de vie, une catéchèse ».[15] Beaucoup de noms théophores expriment une action de grâce pour

---

[13] Christian Aurenche., *Tokombéré au pays des grands prêtres. Religions africaines et évangile peuvent-ils inventer l'avenir ?* Les éditions de l'atelier/Editions ouvrières, Paris, 1996

[14] Louis-Vincent Thomas – René Luneau, *La terre africaine et ses religions*, p. 136.

[15]Cf Bernard Maillard, *Pouvoir et religion. Les structures socio-religieuses de la chefferie de Bandjoun*, p. 175.

les bienfaits reçus de Dieu, d'autres sont plutôt des souhaits à Dieu ou des projets à lui soumettre pour les enfants qui les portent. En fait, ils illustrent la mainmise de Dieu sur les hommes. Tout comme les proverbes, les noms théophores condensent une approche existentielle qui souligne la transcendance, la souveraineté, l'omniscience et l'impartialité de l'Etre Suprême.[16] Le nom définit et personnalise tout l'individu. Porter un nom théophore, c'est évoquer une approche ou une expérience de l'Etre suprême.[17]

Les Africains considèrent certaines créatures comme des privilégiés de Dieu. Ces privilégiés diffèrent d'une culture à l'autre. Chez les Bakongo, comme dans beaucoup de tribus du nord et de l'ouest du Cameroun, les jumeaux et leurs parents sont les bénis de Dieu et jouissent pour cela d'un respect. Selon le Père Johann Emonts, le Banso' rencontre et exprime dans son quotidien les manifestations de Dieu. Quand il rencontre une perle en chemin, il ne la ramasse pas parce qu'elle indique la présence de Dieu à cet endroit. Quand une femme accouche les jumeaux, sa famille se considère comme bénie de Dieu et les jumeaux sont appelés les « enfants de Dieu ». Certaines plantes sont considérées les plantes de Dieu, peut-être en raison de leur vertu curative. Tout objet qui sert pour le sacrifice est aussi considéré comme appartenant à Dieu. Nous dirions les objets sacrés en langage européen.[18]

Les handicapés sont vus dans certaines cultures comme ceux qui jouissent de la bienveillance de Dieu et les bien-portants ont le devoir de ne pas se moquer de leur handicap et de s'occuper d'eux.

Les messagers de la paix sont aussi vus comme des envoyés de Dieu. Autrement dit, celui qui sauve les hommes d'une situation périlleuse est envoyé par Dieu. Mais, même les animaux et certains phénomènes de la nature sont porteurs de

---

[16] *Ibidem*, p. 177.
[17] *Ibidem*.
[18] Cf P. Johann Emonts, "The religion of the Banso Tribe", in The Mission Call, 4 (July-August 1932), 103.

messages divins. Le devin est aussi un envoyé de Dieu pour lire le sort des hommes et les signes des temps.

La confiance en Dieu est dans certaines ethnies évoquée comme salutaire. Chez les Kabiyedina du nord du Togo, il est conseillé d'avoir une familiarité avec le nom de Dieu qui est porteur de bonheur. La sagesse populaire conseille: « Le nom de Dieu (Eso) ne se perd jamais dans la bouche de l'homme ; si tu veux voyager demain, en allant te coucher tu te dis : que Dieu me réveille bien demain ; as-tu heurté une pierre, c'est le nom de Dieu que tu invoques ; as-tu trouvé quelque chose en chemin tu t'écris : Dieu m'a aidé ».[19] Une prière du paysan Massaï au Kenya au crépuscule du jour le signifie également :

Dieu, tu m'as fais en paix passer ce jour
Fais-moi la paix de passer la nuit, je me suis refugié en toi
Fais que cette nuit, je la passe bien avec les miens.
Sois favorable à mes enfants, sois favorable à mon épouse et maintiens-moi en bonne santé.
Souffle loin de moi ce froid dont je souffre.
N'oublie pas de m'indiquer le travail que je dois faire demain.[20]

4. Le culte à l'Etre suprême dans les religions traditionnelles africaines

Tout geste cultuel chez les Négro-africains ne se réfère pas à l'Être suprême. De même, tout lieu sacré n'évoque pas l'Etre suprême. Les Africains qui considèrent Dieu comme très lointain se tournent à lui dans des cas vraiment exceptionnels : difficulté d'avoir une descendance, cas de sécheresse, l'envoi d'une fille en mariage et autres problèmes essentiels comme le cas d'un procès dont l'accusé s'estime innocent. L'Etre suprême est considéré comme celui qui envoie les pluies, féconde la terre et permet la croissance des plantes et la prospérité des bêtes et des hommes. Chez les Massa, Dieu est considéré comme

---

[19] Louis-Vincent Thomas – René Luneau., *La terre africaine et ses religions*, p.

[20] Frère Philippe Azeufack sj, *Culte des ancêtres et prières négro-africaines*, Presses MADELIE BUSINESS, Yaoundé, 2021

l'époux de la terre qui la féconde par les pluies.[21]Il donne la vie et permet que les hommes et les bêtes aient leurs descendances. « Toute expression, toute démarche religieuse a pour visée essentielle la condition humaine. C'est elle qui prime dans les prières et les sacrifices, les contes et les verbes, les mythes et les symboles[22]. »

Il est invoqué par les parents d'une fille avant qu'elle ne quitte la maison paternelle, pour aller en mariage, mais dans certaines tribus, on implore aussi Dieu pour la fécondité du mari. Chez les Massas, le père du marié lors de la libation qui précède le mariage fait l'invocation sacrificielle avec des termes suivants : « Lowna (Dieu), c'est toi qui a tout fait, la descendance, les choses, permet que mon fils unique et sa femme soient féconds et que j'ai une descendance ». En égorgeant la vache, il ajoute : « Multiplie ma descendance, qu'elle soit nombreuse, nombreuse, nombreuse ».[23]On implore donc l'Être suprême pour la fécondité et la génération des enfants. Toutefois, d'autres évènements heureux comme la naissance, la réussite matérielle, l'échappement à un danger peuvent aussi faire l'objet de sacrifice à Dieu. On parlerait de sacrifice d'action de grâce. On peut aussi offrir à Dieu à la suite d'un rêve ou la recommandation d'un devin qui pressant la diminution de la force vitale ou d'un trouble d'harmonie.

Ce n'est pas toute personne qui lui sacrifie. C'est parfois le chef de la tribu mais aussi les chefs de familles qui lui demandent des bénédictions pour leurs gens. Cependant une femme stérile peut aussi sacrifier pour implorer la fécondité à Dieu. Les sacrificateurs sont la plupart de temps conseillés par les devins de la matière et du lieu de sacrifice. La nécessité de faire un sacrifice peut être dictée par le rêve ou une circonstance malheureuse (un accident) ou heureux

---

[21]Cf Antonio Melis, "I Massa del Ciad", in *Afriche* 73, 1 (2007), p. 16-17.

[22] Mulago Gwa Cikala, Symbolisme dans les religions traditionnelles africaines et le sacramentalisme, in Revue de clergé africain, 4-5 (juillet 1972), p. 469.

[23] Antonio Melis, "I Massa del Ciad", in *Afriche* 73, 1 (2007), p. 16-17.

(l'obtention d'un titre ou la réussite en affaire) ... La divinité suprême est aussi invoquée à tous les rituels et les sacrifices accomplis pendant les initiations.

Les lieux de culte à Dieu sont souvent loin des concessions, parfois dans les forêts ou les bosquets sacrés mais on peut trouver des tribus qui ont réservé des lieux de sacrifice à Dieu dans les cours des maisons, au pied d'un arbre non loin de la maison. Ils doivent être nettoyés de même que le chemin qui y conduit. Négliger un lieu sacré, c'est déshonorer l'Etre suprême.[24]

Le sacrifice consiste en l'expansion des produits végétaux (mil, huiles ou maïs) ou du sang des animaux égorgés (poule, vache mouton...) dans les lieux sacrés (bosquets, montagnes, lacs, chutes...). Toutefois l'intention est plus importante que la matière qu'on offre. Le sacrifice est accompagné de prière qui dit l'intention de ceux qui l'offrent et ressort le lien entre l'Etre suprême et l'homme. « La prière africaine est liturgique et cosmique, elle associe indissolublement la totalité de l'homme à la totalité du cosmos dans un acte d'adoration à Dieu[25]. » Chez les Massas, une femme qui n'arrive pas à concevoir fait un sacrifice dit de « rachat de la progéniture ». Elle fait un mélange de la cire avec les grains de sésame et du mil blanc. De la cour de la maison en direction de la savane, elle lance le mélange à l'envolée en prononçant les paroles suivantes : « Dieu qui génère les hommes ! Yéyta qui a modelé ma cire ! J'ai pris cette cire d'abeilles, j'ai racheté ma progéniture, laisse-moi en paix ».[26] Chez les Bamiléké, le chef de la concession en versant le sang de l'animal au pied de l'arbre sacré fait cette prière :

> *Si* (Dieu) *voit la part de viande que tes enfants t'offrent*
> *Je te sacrifie cet animal en leur nom*
> *Cela fait, donne-leur paix et réussite.*

---

[24]Cf Bernard Maillard, *Pouvoir et Religion. Les structures socio-religieuses de la chefferie Bandjoun (Cameroun),* Berne-Francfort-s. Main-New-York, Peter Lang, 1984, p. 185.

[25]Engelbert Mveng, « Les survivances traditionnelles dans les sectes chrétiennes africaines », in *Cahiers des religions africaines*, 13 (1973), p. 69.

[26] B. Rondot, *La première étape de la vie sociale et les pratiques puéricultures chez les Massas du Tchad*, Paris, 1977, p. 20, cité par Antonino Melis, *op. Cit.*, p. 18.

Donne-leur les yeux clairvoyants,
Tire les des mauvais chemins.

Ou encore :

Dieu, voici les offrandes de tes enfants que j'offre.
Epargne-les tous.
Que si quelqu'un leur écrase du poison
Qu'il s'en lèche les mains.
Donne-leur surtout réussite.[27]

Le sacrifice à l'Etre Suprême est aussi fait en cas d'un voyage d'affaire. Chez les Bamiléké, c'est le grand-père ou son successeur qui le fait pour son petit-fils qui veut entreprendre ce voyage en l'exhortant :

> *Va bien ton chemin mon fils ! Que Si (Dieu) et toi marchez d'un même pas. Qu'il soit avec toi, qu'il soit ton œil, qu'il soit ton pied, qu'il soit ta main, qu'il soit ta bouche. Car tu es mon bâton, tu es ma poitrine, tu es mon dos, tu es mon oreille... Que le serpent s'arrête à ta gauche, dans les herbes ! Que le hibou ne dérange pas tes nuits, ton sommeil ! Que le poison des méchants soit sucré dans ta bouche ! Que le taro des mauvaises femmes te fortifient ! Que l'eau étrangère ne t'arrête point, que l'eau étrangère te fasse pousser comme un baobab, avec son tronc fort, avec ses branches noueuses. Car mon fils, une fois que Si (Dieu) t'accompagnera, tu seras tout cela. Tu seras l'eau qui traverse les rochers. Aime les hommes : sois l'huile avec l'huile, pas l'eau avec l'huile, mais le sel dans l'eau.*

Une partie doit être consommée par ceux qui font le sacrifice et tous les passants.

Pour nous résumer sur cette partie, disons que Dieu est source première de toute vie dans la conception africaine. En langage scolastique, on dira qu'il est la cause première de l'être ou de tout ce qui existe. Comment et pour quoi les fait-il venir à l'existence ? Cela réside dans son secret. Pour l'Africain le comment et le pour quoi a moins d'importance quand il s'agit de Dieu. C'est Dieu qui communique la vie ou la force vitale qui anime tous les êtres. Il est donc le

[27] Bernard Maillard, *Pouvoir et Religion. Les structures socio-religieuses de la chefferie Bandjoun (Cameroun)*, p. 186

principe de tout ce qui existe. Il est l'incréé. Il est transcendant, autrement dit, au dessus de toutes les catégories existentielles. Personne ne le surpasse. La littérature orale est pleine d'expressions pour dire que l'Etre suprême n'a pas d'égal. Il est le créateur de toute chose et il a la maîtrise sur elle toute. Rien ne lui échappe : les êtres visibles et invisibles, le temps, l'univers et tout ce qu'il contient sont sur son contrôle. Il s'intéresse à la vie de l'homme et à la marche générale du monde. Il veille avec bonté sur ses créatures et à leur insu au moyen de sa providence. Les hommes sont ses enfants d'où il exerce sur eux une paternité, la paternité par excellence. La paternité et la maternité humaine ne sont qu'une participation à la paternité et à la maternité divine. Autrement dit, nos pères et nos mères ne sont que des gardiens ou des berceurs et berceuses mis par Dieu pour veiller sur nous.

CHAPITRE II. L'ANCESTRISME

1. Qu'est-ce que l'ancêtre ?

Dans les religions traditionnelles africaines, les ancêtres occupent la première place car dans la hiérarchie des êtres, ils sont plus proches de la source qu'est l'Etre suprême et connaissent plus intimement les vivants qui sont leurs descendants. Leur relation à l'Etre Suprême et aux vivants terrestres les situent dans la position privilégiée d'intermédiaires telles qu'en témoigne la prière suivante : « Mon père, mon ancêtre, vous qui êtes dans la région d'en bas, vous avec Dieu et la terre, c'est vous qui parlez, quant à moi, je ne vois rien, nulle part, alors recevez cette plume (poule), et apportez à l'Etre suprême que vous connaissez, auprès de lui, et que la paix seule vienne sur moi ».[28]

Les ancêtres sont les garants de l'existence et de la solidité de la communauté. Ils interviennent pour apaiser les tensions, pour exorciser le mal et renforcer la cohésion où pour jeter un mauvais sort, si les vivants ne se comportent pas bien ou les négligent. Ils sont vénérés, et l'expression utilisée généralement à cet effet est le « culte des ancêtres. » Cette vénération suppose que l'ancêtre est désormais un médiateur entre le vivant et son Créateur.

François Kabasele définit les ancêtres comme les premiers à qui Dieu a communiqué sa force vitale ; ils sont le chaînon le plus élevé, après Dieu, dans la pyramide des êtres. La différence entre eux et Dieu est qu'ils demeurent des hommes. En passant par la mort, les ancêtres sont devenus plus puissants que les vivants dans leur capacité d'exercer l'influence, d'accroître ou de diminuer la force vitale des terrestres.[29]

Selon Dieudonné Watio, l'ancêtre peut être défini comme l'homme ou la femme défunt qui par sa vie, leur travail et ses conseils, a édifié de façon inoubliable la

---

[28]François Kabasele et Alii, *Chemins de la Christologie Africaine,* Paris, Desclée, (Coll. « Jésus et Jésus-Christ », n°25), 1986, p. 138.
[29]Cf *Ibidem*, p. 129.

famille. Ils vivent dans le grand et beau village, dans la joie, la paix et le bonheur. Cette vie exemplaire doit être accompagnée d'une paternité ou d'une maternité naturelle. Il faut avoir des enfants qui pourront assurer des sacrifices au nom du défunt.[30]

2. Le culte des ancêtres

« Dans la vie concrète de tous les jours, nous ne pouvons rien faire de sérieux sans prendre nos ancêtres à témoins, à la naissance, au mariage, pendant la maladie, les maladies, nous invoquons les ancêtres parce qu'ils sont en communion avec nous à ces moments grâce à notre existence[31]. »

Le culte des ancêtres, englobe un ensemble de rites, de célébrations et de croyances rattachés à la vénération des défunts ou constituant une démarche pour quémander leur médiation. C'est un souvenir, un hommage rendu aux défunts qui ont respecté les critères de l'ancestralité, à savoir, avoir été des hommes ou des femmes qui ont édifié de manière inoubliable la société par une conduite exemplaire, s'étant surtout rassasiés des âges, ayant laissé une progéniture, n'ayant pas été victimes des maladies considérées comme malédictions (Cirrhose de foi, lèpre, éléphantiasis…) ou mort d'un accident (brûlure, foudroiement, noyade…). A en croire André-Marie Kengne, « le culte des ancêtres est le prolongement de la conviction que tout n'est pas fini avec la mort, et que l'amour est toujours possible, que la communication et la communion sont toujours possibles. Les Africains ont la conviction que le mort a même plus de facilité à protéger les siens, à continuer ce qu'il a toujours fait pour eux pendant la vie terrestre[32]. » Ils sont convaincus que leurs ancêtres sont proches de l'Etre Suprême et qu'ils occupent une position pouvant les permettre de servir de médiation entre eux et l'Etre Suprême, source de toute vie et de tout bonheur.

---

[30]Cf Dieudonné Watio, *Le culte des ancêtres chez les Ngyemba et ses incidences pastorales,* Thèse de Doctorat de troisième cycle, Paris, 1986, p. 8.

[31] *Ibidem*, p. 5.

[32] Abbé André Marie Kengne, *La croix et l'arbre sacré. Essai sur les rencontres entre christianisme et les cultures africaines*, Aeterni, Bafoussam, 2020, p. 53.

Les ancêtres exercent leur médiation par le biais du lignage, de la consanguinité grâce à la participation de tous les descendants à la vie qui descend d'eux. Ce sont les descendants d'ailleurs qui « canonisent » leurs aïeux.

Le culte se fait dans le sanctuaire familial ou sur la tombe des ancêtres. On leur offre des nourritures ou on égorge un animal (mouton, chèvre, poule, veau) en adressant des prières portant l'intention des personnes qui les offrent. Le culte est présidé par le chef de famille ou un devin. Il est motivé par les circonstances malheureuses comme heureuses : les maladies, une fausse couche, la mort brutale, les accidents et les insuccès répétés, les mésententes entre les frères… mais aussi, l'intronisation, l'initiation des pubères, la réussite dans une affaire, l'envoi d'une fille en mariage, une naissance, des projets divers peuvent faire l'objet du culte aux ancêtres. On pense aussi que l'absence de culte est source de malheur. « La reprise du nom ancestral par un petit-fils est preuve d'équilibre institué par l'alliance d'une part et vise la protection de celui qui le porte d'autres part[33]. »

C'est dans une espèce de liturgie que ce déroule le culte des ancêtres.

> *Par liturgie au sens premier du mot, il faut entendre le service divin que l'homme accomplit en tant qu'homme, c'est-à-dire, en tant que microcosme. Il assume la force des esprits, la vie des ancêtres et de la tribu, la vertu des animaux, des végétaux, de tout ce qui bouge ou reste inerte dans l'immense champ de la création… d'où la signification mystique de la maison du culte qui reconstruit liturgiquement le cosmos à l'image de l'homme au service de Dieu*[34].

Nous pouvons identifier avec Emmanuel Chinedu Anagwo quelques valeurs positives du culte des ancêtres.

---

[33] Prosper Haman Dawaï, *Famille traditionnelle Guidar et le concept de l'Eglise-famille de Dieu*, mémoire de fin de cycle théologique, Grand Séminaire Saint Augustin de Maroua, 1999-2000, p. 59.

[34] Engelbert Mveng, « Les survivances traditionnelles dans les sectes chrétiennes africaines », in *Cahiers des religions africaines*, 13 (1973), p. 69-70.

- Le culte des ancêtres garantit l'ordre social. Les ancêtres sont ceux qui ont édifié la société en la codifiant des lois pour son unité et sa sacralité. Le culte maintient donc l'unité entre ceux qui sont issus de ses ancêtres.

- Le culte permet à l'homme de se sentir en sécurité dans un monde déboussolé. Comptant sur la médiation de ses ancêtres, il a le courage d'entreprendre. Même dans les échecs ils se consolent facilement en pensant qu'il pourrait mieux faire s'il recourt à la sagesse de ses ancêtres ou dans les lieux de recueillement pour chercher leur inspiration.

- Le culte des ancêtres aide leurs enfants à développer de saines relations avec leurs parents déjà du vivant même de ceux-ci. Quand un parent décède avec la colère sur sa progéniture celle-ci encourt une malédiction qui pourra survenir après. Les honneurs et les soins dus aux parents garantissent leur bénédiction, lorsqu'ils seront accueillis dans le village des ancêtres.

- La vénération des ancêtres promeut l'amour, la solidarité et la solidité de la communauté. Pour éviter la colère des ancêtres, les membres de la communauté sont tenus d'observer les obligations les uns envers les autres en s'entraidant, en se supportant et en s'acceptant comme frères et sœurs de même lignage. Les cérémonies rattachées au culte des ancêtres rassemblent de temps en temps les descendants pour promouvoir la paix, la prospérité, l'harmonie et aussi pour éviter l'inceste.

- Une dimension spirituelle du culte est qu'il rehausse un respect spécial aux lieux sacrés (tombes des défunts, sanctuaires dédiés aux ancêtres). La communauté doit veiller aux lieux de culte aux ancêtres en y prodiguant des soins appropriés[35].

Le culte des ancêtres intervient souvent lorsqu'il y a un différend entre les membres d'une famille ou d'un village, différend qui menace de détruire le lien

[35] Cf Emmanuel Chinedu Anagwo, « Cult of ancestors and saints from the Igbo (Nigeria) Experience: A liturgical evaluation", in *Grace and thruth*, 35 (October 2018), p. 14-16.

ou l'unité familiale ou du village. On entreprend des démarches sous la houlette du chef de la famille ou d'un sage pour enrayer le mal.[36] « Dans une grande partie des religions africaines, le culte est familial et la fonction sacerdotale revient de droit au chef de famille. Cependant, dans les sociétés initiatiques, la communauté désigne un maître initiateur qui exerce un certain ministère auprès de la communauté[37] » et qui peut présider le culte. Tous les rites autour des ancêtres dans ce cas sont des symboles de ce resserrement des liens. Le rite de réconciliation se diversifie aussi selon la gravité du conflit et selon la catégorie des belligérants. On note un rassemblement de la famille, l'aveu de la faute commise et la réparation. Une bonne parole est dite pour remplacer la mauvaise, un bien est restitué, un droit bafoué est reconnu, une haine qui avait déchiré les cœurs est vomie. La réconciliation se fait en buvant à la même coupe ou en trempant les mains des belligérants dans une même eau qui sera déversée sur le sol ou le toit de la maison[38]. On appelle cette procédure la justice restauratrice. La justice restauratrice ne se préoccupe pas de la punition mais de corriger la disparité en vue de rétablir les liens brisés. C'est une justice qui s'intéresse plus à la guérison, à l'harmonie, à la réconciliation et non pas à la punition. Les conférences nationales souveraines en Afrique des années 1990 voulaient se baser sur le modèle. L'exemple plus patent est le cas sud-africain avec la Commission vérité et réconciliation. Une vérité qui cherche à guérir en restituant aux victimes leur dignité humaine et civile mais en même temps à guérir le fauteur qui reconnaît son aveuglement et qui redécouvre le chemin de la main tendue. La justice restauratrice consiste à se mettre du côté de la victime dans la perspective de l'ouverture à la reconstruction des rapports entre personnes. La justice que recherchaient les victimes de l'apartheid était de raconter leurs

[36] Cf Antoine Tankwe, *Du Dieu des ancêtres au Dieu de Jésus-Christ.* p. 25.
[37] Engelbert Mveng, « Les survivances traditionnelles dans les sectes chrétiennes africaines », in *Cahiers des religions africaines*, 13 (1973), p. 71.
[38] Cf Antoine Tankwe, *Du Dieu des ancêtres au Dieu de Jésus-Christ,* p. 27.

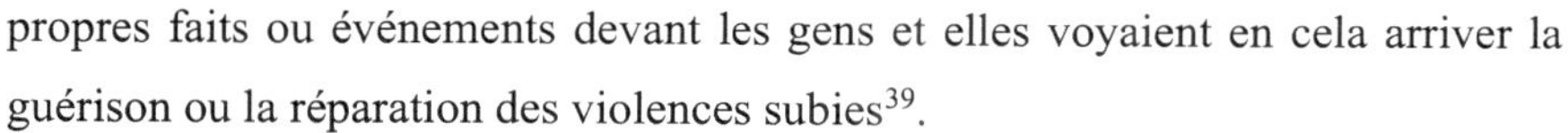

propres faits ou événements devant les gens et elles voyaient en cela arriver la guérison ou la réparation des violences subies[39].

[39] Cf Marcello Neri, *Giustizia della misericordia. Europa, Cristianesimo e spiritualità dehoniana*, EDB, Bologne, 2016, p. 98.

CHAPITRE III. LES AUTRES ETRES INTERMEDIAIRES ET LE COSMOS

1. Les esprits et les génies

Les esprits et les génies sont des êtres intermédiaires parce que Dieu et les ancêtres peuvent se servir d'eux pour agir sur les hommes et le cosmos. On les désigne parfois par le même nom que Dieu, mais les Africains savent bien faire la distinction entre eux et le Dieu créateur et providentiel. On distingue de bons esprits et génies mais aussi des mauvais esprits et génies. Ce sont des êtres immatériels. Parmi les bon, on distingue : ceux qui organisent le cosmos et règlementent le temps, influencent les astres (soleil et lune) pour la périodisation des événements ; ceux prennent possession des initiés et avertissent les humains sur les choses à venir ;d'autres qui procurent les forces ou les énergies aux hommes, aux animaux et aux choses pour qu'ils puissent agir de manière surnaturelle, indiquent aux guérisseurs les herbes à soigner telle ou telle maladie, protègent le chasseur pour qu'il ne soit pas attaqué par les fauves lors de la chasse, qui inspirent et assistent l'artisan dans ses réalisations. En effet, l'Africain croit que l'efficacité dans la performance d'une activité ne peut provenir que d'un génie ou d'un esprit. C'est pourquoi la réalisation d'une œuvre d'art, d'une activité importante se fait parfois au rythme des musiques, des danses et des incantations qui domptent les esprits. Ceux-ci à leur tour disciplinent les artistes, ou celui qui exécute l'activité, augmentent ses forces en y injectant du surnaturel. Parfois des sacrifices sont administrés aux esprits et génies avant l'entreprise d'une activité. Les chasseurs avant d'entreprendre la chasse font des offrandes aux génies de la forêt pour qu'ils puissent leur procurer du gibier, mais aussi les protéger des dangers imminents. Pour des événements à venir les devins consultent les esprits au moyen de leur art divinatoire. Les esprits répondent par des signes dans les astres ou dans la vie même des gens qu'ils vont interpréter et donner le sens aux concernés.

Les mauvais génies par contre plutôt contrarient les efforts des hommes. Ils possèdent les gens, les influencent négativement ou les tuent par le biais de la sorcellerie. Ils sèment la méchanceté au sein des familles, des villages, brisent l'harmonie, hantent et inspirent la peur.[40]

2. La cosmologie négro-africaine

Alors que les Occidentaux conçoivent l'univers comme stable, comme une machine bien réglée dont les lois doivent être comprises par la raison humaine, tout à l'opposé, les Négro-Africains conçoivent le cosmos comme « comme complexe de forces affrontées, se neutralisant les unes des autres, mais dont l'équilibre reste toujours instable... tous les éléments, animés et non animés, sont pénétrés et mus par une force indifférenciée, sorte de vertu efficiente... C'est elle qui se manifeste dans les cyclones ou dans l'orage, dans la colère des dieux, dans la force, le courage et l'intelligence des chefs, dans l'arbre géant, dans l'agressivité des carnassiers. Cette force est partout, c'est la vie et l'énergie[41].

La conception négro-africaine du monde ramène à quatre aspects majeurs :

- Les êtres et les choses. Cette catégorie est caractérisée par l'existence. Les êtres et les choses existent parce qu'ils recèlent la vie conçue en termes de force. On parle d'une vision « panvitalisme » chez les africains. Même les êtres inanimés sont considérés comme des existants puisqu'ils possèdent une force.

- La lutte des forces. Les forces sont hiérarchisées et diversement réparties. Il y a les forces naturelles, les forces surnaturelles. Il y a toujours une lutte entre ces différentes forces ou des êtres qui les possèdent.

- Les forces sont dynamiques. Elles peuvent croître quand les vivants préservent l'harmonie sociale et la paix ou décroître par leurs mauvaises actions ou l'action des malveillants (sorciers, mauvais génies).

---

[40]Cf MbuyTatah, *The faith of our ancestors*, UniversitàPontificiasalesiana, Roma, 2012, p. 90.

[41] Mulago Gwa Cikala, « Symbolisme dans les religions traditionnelles africaines et le sacramentalisme », in *Revue de clergé africain*, 4-5 (juillet 1972), p. 470.

- L'interdépendance des forces. Malgré leur diversité, les forces ont une interdépendance. Il y a toujours entre elles une recherche pour l'unité.

- L'homme est l'épicentre de l'univers. L'univers africain est considéré comme pyramidal. Dieu est la source et le réservoir de toutes les forces et de tous les êtres. La source vitale découle de lui, transité par les esprits, les génies et les ancêtres et atteint les hommes vivants avant les animaux, les plantes et les autres choses. Mais il y a communication entre les hommes avec toutes les catégories au moyen des rites. Les rites sont alors des moyens pour entrer en communication avec les autres êtres.

3. Présentation schématique de la cosmogonie des RTA

Les êtres du monde invisible (présents ou vivants invisibles)

- Dieu, Père et Créateur : source de la vie,
- Les fondateurs des clans (aïeux),
- Les esprits des anciens héros,
- Les âmes désincarnées des parents défunts et des membres du clan,
- Les génies et les forces telluriques (de la matière).

Les êtres du monde visible (les présents ou les vivants visibles)

- Le roi ou la reine-mère, selon le système patrilinéaire ou matrilinéaire,
- Les chefs du clan,
- Les chefs de la famille : le père est le centre de la vie familiale,

  N.B. Les membres des familles différentes et des clans différents forment avec leur appartenance au même Roi ou à la même Reine, une seule communauté,

- La terre (animaux, plantes, êtres inorganiques) est au service de l'homme pour augmenter ou diminuer la vie.

On peut résumer avec le Père Engelbert Mveng que :

Les systèmes cosmogoniques africains dressent au-dessous de Dieu, l'échelle du monde comprenant les ancêtres et les esprits, les hommes et le cosmos. Cette vue est schématique. On sait que la sagesse africaine n'est pas une métaphysique comme en Occident mais une anthropologie. Cette anthropologie définit l'homme comme un faisceau de relations au sein de la société et du monde... l'homme est le rendez-vous du cosmos : quand il s'exprime dans la plénitude de personnalité, il exprime le cosmos dont il porte l'âme et la voie[42].

Cette observation nous introduit dans le prochain chapitre, sur l'anthropologie africaine.

[42] Engelbert Mveng, « Les survivances traditionnelles dans les sectes chrétiennes africaines », in *Cahiers des religions africaines*, 13 (1973), p. 69

CHAPITRE IV. L'ANTHROPOLOGIE NEGRO-AFRICAINE

1. L'homme vivant

L'homme est vu en Afrique noire comme partout dans le monde comme un composé de plusieurs principes mais qui ne forment pas une totalité indivisible. Ainsi, l'homme peut se dédoubler à certains moments de son existence. En général, il est composé d'une dimension extérieure qui est le corps et d'une dimension intérieure qui est l'âme, le « moi », conçu différemment selon les sociétés. Le « moi » peut se scinder et offrir des possibilités dites para-humaines : voyance, blocage, métamorphose... Pour les Mossis du Burkina Faso, l'âme est composée de l'union de deux principes, mâle et femelle qui se séparent avec la mort. Les Kikuyu croient qu'il existe deux âmes, l'une individuelle et l'autre sociale. Quant aux Evé du Togo, le corps subsiste grâce à deux éléments invisibles de la personnalité : le souffle vital et l'âme. La vie en ce monde est entretenue par le souffle vital auquel sont attribués les sentiments et autres actes importants de l'existence. L'âme d'essence divine peut quitter le corps pendant le sommeil, le réintégrer au réveil. Elle a un aspect visible, l'ombre qui accompagne l'homme partout et disparaît à la mort tandis que l'aspect invisible résiste à la mort. Chez les Kissi de la Guinée, l'homme est composé du corps (chair et os), du cœur (organe et qualité) et de l'ombre qui s'échappe du cadavre, mais qui pendant la vie peut vagabonder.[43]

En gros, on peut dire qu'en générale, trois éléments font l'identité de la personne chez les Négro-africaines :

- L'extérieur (le corps)
- L'intérieur (les principes spirituels : ombre et âme)
- Le nom.

Le nom fait partie de la personne. En Afrique, le nom n'est pas une simple étiquette, un titre ou une appellation pour identifier une personne. Beaucoup de

[43] Cf Anne Stamm, *Les religions africaines*, PUF, Paris 1995, p. 24-29.

noms ont une signification philosophique ou morale tandis que d'autres ont plutôt une signification sociale ou historique. Exister c'est posséder un nom, autrement dit, ne pas nommer une personne c'est nier son existence. Chez certains peuples africains, un rituel est requis pour donner le nom à un nouveau-né. Le nom à donner est celui de l'ancêtre dont on souhaite que l'enfant incarne son caractère. L'Africain dans les temps anciens ne possédait pas un seul nom. Il avait le nom de l'ancêtre, mais aussi des prénoms ou des pseudonymes qui en fait étaient un programme de vie à lui assigné. Les prénoms sont symboliques mais il y a la croyance qu'ils peuvent agir sur l'âme, la provoquer et l'inciter à l'action. Chez les Kissi, deux personnes qui se découvrent posséder le même prénom se traitent comme des frères au point que si l'un est esclave et l'autre homme libre, le dernier affranchira le premier. Les prénoms sont en quelque sorte comme des devises. Dans beaucoup de sociétés, des circonstances peuvent faire changer de nom. Chez les Fali du Cameroun, la circoncision ou les initiations aux sociétés secrètes ou l'acquisition d'un statut social font changer de nom.[44]Chez les Bamiléké, la succession, l'accouchement des jumeaux font prendre un nouveau prénom.

Au nom, sont souvent attachés plusieurs interdits ou certains privilèges. Chez les Bamiléké, les mères de jumeaux ne peuvent pas tuer une espèce de serpent qu'on trouve dans le sol en cultivant surtout. Quand elle le croise, elle doit seulement le recouvrir de terre sans lui faire du mal et par respect pour elle, les autres personnes autour d'elle doivent aussi le laisser.

L'Africain est aussi un être social. Toute sa vie est une intégration dans la société. Le fœtus dans le ventre est considéré comme semence parentale, mais aussi sociale. Le nouveau-né est en devenir et n'a aucune signification sociale définie. Cependant dans certaines tribus, un nouveau-né est considéré comme peu humain au point qu'on peut le renvoyer aux ancêtres en cas d'anomalies.

---

[44] Cf *Ibidem*, p. 25

Dans ces tribus-là, les bébés nés avec des déformations sont purement et simplement éliminés. Les Kikuyu étouffent les jumeaux premiers-nés surtout s'ils sont des triplés alors que d'autres tribus les voient plutôt comme signes de bénédiction de Dieu. C'est lorsque l'enfant reçoit le nom qu'il commence à être considéré comme un être social en voie d'humanisation. A l'initiation, lorsqu'il endure les épreuves, il fait son intégration dans la société et des secrets lui sont confiés sur la vie de la société pour l'aider à se préparer à sa vie d'adulte et de responsable sociale.[45]

La religion a pour rôle d'humaniser l'univers au moyen des rituels. Toutes les phases de la vie de l'Africain, de la naissance à la mort sont ponctuées par des rituels à travers lesquels il entre en communion avec le monde qui l'entoure. Les rituels sont de plusieurs ordres.

- Selon la clé de la vie individuelle, on distingue :

- Le rituel de naissance
- Le rituel d'initiation
- Le rituel de mariage
- Le rituel funéraire

- Selon le rapport individu – groupe, on distingue :

- Le rite de séparation
- Le rite de ségrégation
- Le rite d'intégration.

2. Le rituel de naissance

Transmettre la vie est quelque chose de précieux et l'on comprend qu'en Afrique, ne pas mettre au monde est un malheur. L'enfant est considéré comme un cadeau de Dieu, mais un cadeau délicat qui nécessite des précautions pour

[45] Cf *Ibidem*.

l'accueillir. Dans les sociétés traditionnelles, la précarité, l'absence des soins modernes rendent la mortalité infantile élevée et la situation accroît les précautions rituelles qui entourent la conception et la naissance de l'enfant. De plus l'infertilité bloque le canal à travers lequel coule la force vitale d'un lignage. L'ancêtre survie par ses descendants et ne pas donner naissance met fin à cette survie, car les honneurs et le souvenir que leurs descendants leur doivent cessent avec la personne infertile. Pour cela, il faut mobiliser les divinités, les vivants et les défunts au moyen des offrandes, des prières et des rites quand une jeune mariée tarde à concevoir. C'est la préoccupation pour tous, non seulement pour le couple, mais leurs familles entières, car l'enfant assure la survie de la famille, garantit les funérailles et le culte des ancêtres.

Quand une femme est enceinte, elle est soumise à certains interdits. En Afrique traditionnelle, elle était interdite de toutes relations sexuelles avec son mari pendant la grossesse et l'allaitement. On croyait qu'une violation de cette loi conduirait le fœtus ou le nourrisson à la mort. D'ailleurs la copulation n'avait qu'une unique fonction : la procréation et non le jeu ou le plaisir. Liée uniquement à la transmission de la vie, la sexualité et son expression sont sacrées et ne peuvent en aucun cas être abusées. Elles sont entourées de tabous et d'interdits. Les sanctions prises pour ceux qui tentent de les utiliser pour des fins égoïstes ou la recherche du plaisir sont très sévères de même que les possibles conséquences qui peuvent en résulter.[46] La femme va chercher pendant la gestation à être en règle avec les divinités et les ancêtres et éviter certaines fréquentations. Quand une femme Bambuti se rend compte qu'elle est enceinte, elle prépare la nourriture et l'amène en forêt l'offrir en sacrifice d'action de grâce aux ancêtres avec qui elle demeure proche. Pendant la grosses, elle considérée sacrée et spirituellement puissant[47]. Elle ne doit tuer aucun animal et

---

[46] Laurenti Magesa., *Africain religion. The moral traditions of abundant life*, Paulines, Nairobi, 1998, p. 134.

[47] Kenyufoon Gloria Wirba, *The role of religious woman in the evangelisation and inculturation in Africa*, Leberit Srl press, Rome, 2009, p. 34

se montrer bienveillantes envers les enfants et les vieillards. Dans certaines tribus, les femmes enceintes portent des amulettes protectrices et sont interdites de sortir au moment où rodent les esprits malveillants (à l'aube, à midi et la nuit). Ces règles lui permettent de protéger la vie qu'elle porte en elle.[48] La conception n'est pas vue comme un simple résultat de la copulation mais un signe de la bénédiction de Dieu et des ancêtres. C'est avec la naissance du premier enfant que le mariage est pleinement reconnu.[49]

A la naissance, c'est tout le monde qui est en joie, mais une joie qui ne fait pas oublier que la vie est encore fragile. C'est ainsi qu'on a recours à un intercesseur (ancêtre ou génie) pour lui implorer la protection de l'enfant par des offrandes d'un veau, d'une poule, de la farine ou de la kola. Le placenta du nouveau-né est considéré comme son double ou son jumeau. La matrone dépose le nouveau-né au sol pose le cordon ombilical sur les parties de la mère et de l'enfant et prend le soin de l'enterrer délicatement avec le placenta. Il y a parfois un rituel pour leur enterrement. C'est comme un enterrement symbolique de l'enfant même. Chez certains peuples le cordon doit être enterré dans le village de la provenance des parents de l'enfant, supposé être le cimetière de ses ancêtres. Un autre rite entoure aussi l'enterrement de l'organe. Le nouveau-né est un mort pour l'au-delà ou le ventre de sa mère et il y a aussi un rite de sa présentation aux forces telluriques quand il naît. Dans les sociétés traditionnelles, la parturition avait lieu hors de la maison. Dans certaines sociétés, après la naissance, le nouveau-né doit subir un rite avant d'entrer sous le toit de ses parents. Dans d'autres sociétés, ce rite se passe plutôt pour la première sortie du bébé de la maison. Il donne permission qu'on peut désormais aller n'importe où avec l'enfant et le rite est exécuté après une certaine durée de réclusion dans la concession avec sa maman. Ailleurs, l'octroi du nom à l'enfant se fait par un rite : la cérémonie du nom, cas

---

[48] Louis-Vincent Thomas – René Luneau, *La terre africaine et ses religions*, p. 210.
[49]Kenyufoon Gloria Wirba, *The role of religious woman in the evangelisation and inculturation in Africa*, p. 33..

chez les Yoruba et les Ibos du Nigeria. Généralement un culte est rendu à l'ancêtre dont l'enfant va prendre le nom.

3. L'initiation des pubères

Elle consiste en des procédures rituelles qui visent à aider l'individu à bien s'insérer validement dans son milieu vital en forgeant progressivement sa personnalité. Toutes les initiations jouent un rôle social et religieux. « A l'annonce de l'initiation, tout le peuple est tenu de se purifier par une série de rites purificatoire ayant pour fonction d'effacer les traces laissée par le vol, le meurtre et tout manquement à un quelconques interdit[50] ». Les font partie des obligations civiques des membres valides de deux sexes. C'est le moyen par lequel les sociétés traditionnelles non seulement intègrent leurs membres, mais aussi leur transmettent certaines connaissances réservées. On peut dire alors que l'initiation a plusieurs fonctions : fonction d'intégration, fonction pédagogique, mais aussi une fonction religieuse.

3.1. Fonction d'intégration

Nous avons vu que l'Africain est un être social et que toute sa vie est un processus d'insertion dans la société. L'initiation ponctue les étapes d'insertion : La naissance, la puberté, l'entrée dans un corps social (forgerons, guérisseurs ...), le mariage, l'accouchement, les funérailles... On parle de l'initiation proprement dite quand l'enfant est adolescent et doit se préparer aux fonctions d'adultes. Il n'est pas encore considéré comme membre de la société et cela se fait par une initiation. Elle se déroule en trois temps : la séparation, la réclusion, la réinsertion. La séparation constitue un moment de crise pour le jeune. C'est un choc qui lui fait comprendre que l'homme n'est rien sans la société. Psychologiquement, il expérimente la détresse de l'isolement et se pose mille questions sur sa survie pendant ce temps où il sera séparé des siens. « Vais-

[50] Jean-Pierre Dinamou, *L'initiation traditionnelle Massa et le baptême chrétien. Etudes comparative*, mémoire de fin d'études en théologie, Grand Séminaire Saint Augustin de Maroua, 2001-2002, p. 9.

je ressortir vivant de cette réclusion ? Les miens pensent-ils encore à moi pendant ce temps ? Quelle garantie pour ma sécurité et ma santé pendant ce temps ? » Pendant la période de réclusion, les initiés passent des épreuves difficiles et des cérémonies avant de réintégrer la communauté avec un nouveau statut. On parle de métamorphose, de mort initiatique et de fois, les simulacres de mort et d'enterrement et de renaissance ne manquent pas. C'est après cette initiation qu'on les reconnaît comme garçons ou filles, autrement dit, futurs hommes ou femmes capables de se marier ou d'enfanter. La mariée doit être aussi initiée à la vie de foyer par les femmes du clan qu'elle intègre. Certains accouchements donnent aussi lieu au rite de réinsertion (enfant venu avec les pieds, jumeau). Les rites initiatiques ont pour rôle de promouvoir une génération dans laquelle chaque membre est inséré et enraciné dans un contexte social, économique, politique et religieux. Ces différentes phases vécues opèrent une mutation profonde symboliquement dans l'être des initiés. L'initiation amène les pubères à accepter leur identité sexuelle ou leur genre et les fonctions ou tâches y afférées. La circoncision ôte le prépuce qui mettait la confusion entre l'organe masculin et l'organe féminin et cachait le phallus qui traduit la virilité. De même, là où l'excision est pratiquée, on pense que le clitoris crée confusion avec l'organe masculin et empêche d'identifier bien l'organe féminin. Les rites initiatiques font passer les jeunes garçons du monde des femmes auquel sont restés liés depuis leur naissance à celui des hommes. De même, ils font passer les jeunes filles du monde des hommes à celui des femmes ; de l'enfance à l'âge adulte ; de l'ignorance à la sagesse ; d'un narcissisme irresponsable à la solidarité responsable ; de la confusion et de l'anonymat relatif en sein au monde enfantin à un statut juridique et social. C'est ainsi que les rites initiatiques sont appelés les rites de passage.

L'intégration ou la réinsertion des initiés dans la communauté après leur retraite en dehors d'elle donne lieu à des réjouissances populaires. Il faut souligner que la communauté suit avec attention l'initiation. La communauté a l'aspect d'une femme en travail ou à termes. Les activités villageoises sont presque paralysées pendant cette période. L'intégration des jeunes donne lieu à de moments de réjouissance. Chez les Massas du Nord-Cameroun, les jeunes initiés vont de concession en concession exécuter en parade les danses apprises en brousse. Le village est en fête et partout on mange et on boit[51].

3.2. Fonction didactique

Entre l'initié et le non-initié, il y a coupure : le premier sait et le second demeure encore ignorant, inculte. La pédagogie initiatique consiste en une transmission orale et gestuelle qui met en action deux hommes (le maître d'initiation et l'initié) ou deux groupes (ceux qui enseignent et ceux qui sont enseignés). Des exercices corporels, gestuels, des langages initiatiques, des brimades sont administrées... L'initié doit aiguiser sa mémoire, retenir des leçons, se discipliner et ne pas se laisser distraire. Il est supposé recevoir une formation vitale qu'il va à son tour transmettre et bien la transmettre. L'initié par rapport au non-initié voit. On n'a pas encore ouvert les yeux du second sur certaines choses de la vie.

Ainsi, outre leur symbolisme, les initiations des pubères sont des véritables écoles d'éducation traditionnelle. Elles complètent l'éducation familiale des jeunes et achèvent leur intégration dans le groupe des adultes. L'apprentissage de la maîtrise de soi à travers la maîtrise de la douleur et la formation à la vie communautaire constituent le socle sur lequel s'appuient toutes les autres valeurs de cette éducation polyvalente que les jeunes reçoivent pendant leur réclusion.

Les instructions sont transmises à travers la sagesse des ancêtres qui profile dans les chants, les proverbes, les dévinettes, les contes... qui visent à imprimer dans les jeunes l'intime connexion entre la vie et le reste de la création[52].

---

[51] Jean-Pierre Dinamou, *L'initiation traditionnelle Massa et le baptême chrétien. Etude comparative*, p. 13.

[52] Kenyufoon Gloria Wirba, *The role of religious woman in the evangelisation and inculturation in Africa*, p. 35.

Les diverses épreuves qu'on leur fait subir pendant leur initiation (mutilations sexuelles, soins douloureux, les longues veilles, les privation de nourriture, les corvés) ont pour but de les exercer au contrôle de soi, à la persévérance, à la résistence, au culte de l'effort. Elles les arment physiquement, psychologiquement, moralement, techniquement pour affronter avec optimisme les vicissitudes de la condition humaine. Ce faisant, les initiateurs enseignent aux jeunes à vaincre leurs inclinations, à supporter la souffrance et les déchéances de la vie, à se comporter en hommes et femmes responsables en toutes circonstances.

Dure école de dépassement de soi, les initiations juveniles ont ainsi pour but de former des hommes et des femmes de caractères, courageux, dévoués, ayant un bon sens du bien commun. Le caractère douloureux et parfois vessatoire des épreuves témoigne de cette volonté de faire mériter aux initiés la dignité à laquelle ils aspiraient. Le secret sur l'initiation n'est pas un refus simple de partager ou une défense des privilèges. Il renforce le pouvoir des initiés vis-à-vis des non-initiés. Mais aussi le sceau du secret ou l'interdiction de dévoiler les choses aux non-initiés a pour fonction d'exercer le jeune à la discrétion et à la maîtrise de la langue. En effet, la maîtrise de la langue ou le contrôle de la parole est ce qui valorise l'homme au delà de tout. Savoir contôler et dominer sa parole, savoir garder le secret, savoir quoi dire et savoir quoi taire sont des qualités très appréciées qui fait de son possesseur, une personne de confiance et respectable. Selon André Marie Kengne, on enseigne à l'initiation des secrets qui assurent la victoire sur la mort[53].

Il faut dire que l'initiation parachève l'éducation familiale et ouvre les yeux du pubère aux réponses à certaines questions qui n'avaient reçues des adultes que des tabous. Les adultes ont jusque là affabuler des contes de fées pour limiter la curiosité des enfants en bas-âges sur des certaines questions, car ils estiment les

[53] Cf Abbé André Marie Kengne, *La croix et l'arbre sacré. Essai sur les rencontres entre christianisme et les cultures africaines*, Aeterni, Bafoussam, 2020, p. 42.

affres de certaines connaissances précoces sur leur psychologie encore fragile ou des comportements deviants qu'une telle connaissance précoce peut générer. Il s'agit des questions sur la sexualité, la parturition, la mort par exemple. Selon Gloria Kenyuyfoon, l'instruction donnée aux filles pendant la réclusion vise à les préparer à la maternité, aux soins dans leur maison, leurs relations avec leurs maris, l'art culinaire, comment se comporter en femme responsable et recpectable, comment mettre au monde et comment élever les enfants[54]. Les Massas du Nord-Cameroun pense que privée d'initiation, les femmes restent impulsives, jalouses, émotives, peureuse...[55]

Le champ de l'initiation est enfin un lieu d'éducation des jeunes au sens de la vie communautaire. On leur enseigne les règles de la vie en groupe, le respect des autres, le sens du partage, l'art de gagner dignement sa vie, la sollicitude à rendre service... Ils apprennent en bref, à conjuguer leurs désirs propres avec les exigences de la communauté.

L'initiation appraît en somme comme un fait social total qui concerne non seulement l'acquisition des connaissances mais aussi l'apprentissage des normes de conduites, des gestes culturels qui privilégient moins l'action d'un individu sur l'initié que l'influence qu'exerce la communauté sur lui. Elle vise à inculquer aux adolescents que la vie exige souvent des sacrifices et des souffrances mais qu'ils ne doivent guère avoir le dernier mot sur elle car avec courage, détermination, collaboration et don de soi les obstacles peuvent être facilement vaincus[56].

---

[54] Cf Kenyufoon Gloria Wirba, *The role of religious woman in the evangelisation and inculturation in Africa*, 35.

[55] Cf Paul Samangassou, *Michel Djobtoutsia, Un témoin foi en pays Massa*, cité par Jean-Pierre Dinamou, *L'initiation traditionnelle Massa et le baptême chrétien. Etude comparative,* p. 29.

[56] Ibidem.

3.3. Fonction religieuse

Lors des initiations, on traite toujours avec les êtres surnaturels (Dieu, les ancêtres, les génies) au moyen des sacrifices. Le thème central qui traverse l'initiation est : la valeur absolue de la vie. Dieu est l'auteur ou le donneur de la vie, mais ses gardiens sont les ancêtres et les bons génies auxquels il faut s'attirer les faveurs et contourner les mauvais génies.[57] L'initiation se passe dans une espèce de liturgie où les chants et les danses religieux rythment les incantations et les invocations. « L'initiation n'est rien d'autre que l'incorporation officielle des jeunes hommes au clan de la communauté issue des ancêtres ; elle a pour but de les tenir enchaînés aux lois, coutumes et traditions ancestrales ».[58] Il y a naturellement les sacrifices tout au long du temps que dure l'initiation. Chez les Massa, un sacrifice est offert dans la phase même de l'annonce de la tenue de l'initiation au redoutable génie Magaï pour implorer sa clémence sur les enfants qui vont passer l'initiation mais aussi aux ancêtres pour implorer leur intercession[59]. Le sang versé de l'animal symbolise la mort de l'initié qui va à la rencontre des ancêtres. Les épreuves que les initiés subissent rendent la distance serrée entre cette mort symbolique et la mort réelle : brimades, mutilations génitales, longue veille qui expriment un certain anéantissement du corps.

> *L'initiation pour les novices était synonyme de terreur, de souffrance. Il y avait autour de ce rite tout un halo de mystère. Et ce qui est impressionnant le plus, c'était l'idée de mort et de renaissance qui s'en suivait et qui n'était pas toujours évidente. Il se racontait que Magaï ou Labata, qui est le génie féminin de l'initiation, tuait les néophytes et les constituait un peu plus tard, mais au cours de cette reconstitution, les*

---

[57]Laurenti Magesa, *Africain religion. The moral traditions of abundant life*, Paulines, Nairobi, 1998, p. 95.

[58] Anne Stamm, *Les religions africaines,* p. 85.

[59] Jean-Pierre Dinamou, *L'initiation traditionnelle Massa et le baptême chrétien. Etude comparative*, p. 9.

accidents étaient possibles et que certains enfants ne pouvaient pas revenir[60].

Dans la forêt, ils ont un contact direct avec les esprits des ancêtres et des génies. Rien de surprenant qu'on mêle les ancêtres et les esprits aux pratiques initiatiques, car l'initié doit être consacré, c'est-à-dire une personne mise à part. Généralement les initiations se déroulent dans les lieux sacrés et pendant l'initiation, l'initié est considéré aussi sacré et soumis à une série d'interdictions. Les personnes extérieures au cadre d'initiation sont tenues aussi à garder un respect sacré vis-à-vis des initiés et à observer aussi d'autres interdits à leur endroit sous-peine de contacter la souillure ou la malédiction : les approcher ou les toucher, leur verser de l'eau, leur céder passage ou s'écarter de la route au passage des initiés.

L'enceinte où se déroule l'initiation matérialise la tombe où la vieille existence se consume. La forêt sacrée ou la case d'initiation est comme le sein maternel où sortiront les néophytes comme des nouveau-nés. Le contact avec la nature symbolise l'état fœtal. L'ombre de la forêt, la cabane obscure, le souterrain ou la grotte symbolisent la matrice et les initiés y adoptent parfois la même position que le fœtus dans le ventre d'une femme. La période de réclusion tient ainsi lieu du temps de gestation. La nouvelle naissance est signifiée par l'imposition d'un nouveau nom et l'apprentissage d'une nouvelle langue et d'un nouveau style de vie.

4. La mort chez le Négro-africain

4.1. Sens de la mort en Afrique

L'Africain conçoit que l'homme est composé de plusieurs constituants unis en eux-mêmes. Il est physique, spirituel et social. C'est ainsi qu'il y a trois types ou trois modalités de mort. La mort physique ou biologique, la mort sociale ou

---

[60] Paul Samangassou, Un témoin de la foi en pays Massa, 1991, p. 45.

symbolique et la mort spirituelle qui est la mort définitive. La mort biologique est celle qui entraîne la décomposition du corps. La mort sociale se déroule lors des initiations et d'autres rites avec des enterrements symboliques (cordon ombilical, réclusion ou retrait de la société, bannissement). La société considère l'initié au cours de son initiation comme inexistant. Il va renaître pour de nouveau l'intégrer avec un nouveau statut ou un nouveau nom. La mort spirituelle entraîne le défunt dans le village des ancêtres.

La mort a aussi autres significations chez l'Africain.

- Elle est séparation : destruction du corps et mutation ;
- Elle est sommeil, c'est-à-dire transition. Ce qui explique la croyance en la survie de l'âme après la mort.

Les Africains dédouanent Dieu de l'origine de la mort. Beaucoup de mythes racontent que la mort est venue à cause de la faute de l'homme lui-même ou d'un génie perturbateur.

4.2. Les funérailles en Afrique noire

Les funérailles désignent un ensemble de rites comportant les paroles, les gestes, les danses et les prières qui accompagnent successivement un homme du stade moribond à l'inhumation selon les sociétés et leurs croyances ou le statut social. En Afrique noire, si les pratiques funéraires pouvaient diversifier dans quelques détails d'une société à l'autre, on retrouvait tout de même les récurrences.

Les rites funéraires commençaient dès qu'un malade devenait moribond. Ce dernier sentant la mort venir appelait ses enfants ou ses proches parents. Chacun s'empressait de venir témoigner au mourant son amour pour lui en prenant soin de lui comme il pouvait. C'était l'occasion pour la famille de manifester l'unité et la cohésion. Chez les Bamilékés de l'Ouest-Cameroun, c'était l'heure des confessions et de la réconciliation. Chacun avouait ses torts ou ses péchés vis-à-vis du malade ou d'un quelconque membre devant la famille réunie autour du malade et demandait le pardon général. Le malade faisait autant et terminait ses propos par des conseils qui visaient à exhorter les vivants à l'entente, à l'harmonie, à l'amour les uns les autres. Quand le moribond était un père ou une mère, il devait aussi bénir sa progéniture, indiquer si possible son successeur à tout le monde ou à un groupe restreint d'amis. Ce rite terminait par la consommation de la kola, de l'eau ou du vin de palme, signe de la paix et de la bénédiction.[61] Au moment de trépasser, on devait veiller à ce que le mourant ait la face tournée du côté contraire au mur pour ne pas donner l'impression qu'il part fâcher des vivants. Au fur et à mesure que la respiration ralentissait, on lui fermait la bouche et les yeux et quand elle s'arrêtait complètement, on retentissait des cris, chacun s'affligeant comme il peut.

L'enterrement dans la plupart des cas n'avait pas lieu immédiatement. Chez les Dogons, le corps du mort était aussitôt lavé et déposé dans la faille à l'air libre sur la falaise. On considérait qu'à ce moment, son âme errait dans le village. Les femmes gémissaient en se réunissant autour de la maison, tandis que les hommes en armes se précipitaient à la terrasse. On assistait aussi à des récitations des litanies en langues secrètes, à des danses, à des simulacres de combats ou des scènes de chasse, tandis que les porteurs de corps se déplaçaient en zigzags à travers la place pour aller le laisser au creux d'un rocher.[62] Chez les Bamilékés, on attendait la nuit pour la toilette mortuaire du défunt qui se faisait en toute discrétion. Le corps était embaumé d'huile luisante et l'on déposait auprès du corps certains objets précieux du défunt, notamment des perles et des cauris. Les gens se regroupaient dans les concessions par sexe ; les hommes à part et les femmes à part. Les femmes plus que les hommes ponctuaient le temps avec des pleurs, des bavardages et du silence tandis que chaque nouvelle personne arrivée faisait l'objet de la reprise des lamentations. Dans certaines sociétés, les

[61] Cf Marcus Ndongmo–Michel Kouam, *Mort et funérailles en Afrique noire*, éditions terroirs, Yaoundé 2007, p. 13-14; Voir aussi Bernard Maillard, *Les structures socio-religieuses de la chefferie de Bandjoun*, p. 196-197.
[62] Hubert Deschamps, *Les religions de l'Afrique noire*, PUF, Paris 1970, p. 14.

familiers se vêtaient d'habits ou d'armures du défunt ou mettaient un insigne signifiant qu'ils étaient en deuil. Cela pouvait être une corde attachée sur la tête, sur le poignet... Chez les mossis, les femmes portaient les vêtements du défunt et imitaient ses gestes ; chez les Yorouba, les hommes masqués se postaient représentant le défunt et assurant les vivants de sa protection.[63] Chez les Bamilékés, on passait la veillée mortuaire et la période de deuil à même le sol couvert de feuilles sèches de bananier.

Dans beaucoup d'ethnies, à cause de la croyance que les morts ne sont pas morts et doivent cohabiter avec les vivants, les tombes n'étaient pas éloignées des concessions. Les morts étaient enterrés dans la cour, derrière la maison ou dans la maison. Avant de recouvrir les tombes de terre, les chefs de concessions et quelques membres de la famille ou des proches du défunt prononçaient des discours d'adieu qui finissaient par un jet d'une poignée de terre ou de quelques goûtes d'eau dans la tombe, après qu'on n'ait invité toute personne devant ou réclamant quelque chose au défunt de se montrer et de la signifier devant la famille.

Après l'inhumation, les veuves, les veufs ou certains membres de la famille se faisaient purifier par un guérisseur.[64] Dans certaines sociétés, on brûlait des objets ayant appartenu aux défunts. Puis commençait le deuil dont la durée variait d'une société à l'autre, mais aussi du statut social du défunt, son sexe ou son âge. Il y avait des interdits pour les endeuillés pendant cette période qui finissait par le rite de la levée du deuil. Chez les Bamilékés, les endeuillés ne pouvaient se laver qu'avec la levée du deuil. On nettoyait tout, débarrassait les concessions des feuilles mortes de bananier, rasait la tête et commençait à mettre

[63] Louis-Vincent Thomas, « Les sociétés devant la mort », in *Encyclopedia Universalis*, vol 15, 795b-c.

[64] Anne Stamm, *Les religions africaines*, PUF, Paris 1995, p. 50.

les habits blancs, insignes du deuil qui a cédé place au noir avec le contact de la culture occidentale.[65]

Les funérailles proprement dites sont organisées chez les Dogons plusieurs mois après le deuil. Pendant trois jours, les masques sortent et dansent dans tout le village. Elles sanctionnent le départ définitif du mort, mais on les célèbre aussi pour les autres défunts de la famille. Un autel pour chacun d'eux est dressé dans la grande maison, comportant des poteries, des coupoles, des bâtonnets et des échelles. Le patriarche ou l'aîné de la famille apprête les offrandes, désigne le sacrificateur et les assistants peuvent donner les noms de ces défunts aux nouveau-nés selon l'ancêtre qui s'est incarné en chacun. Ailleurs, les funérailles interviennent après une ou plusieurs années et marquent la fin du port de l'insigne du deuil. Elle est une occasion de grandes réjouissances avec des dépenses somptueuses, des danses folkloriques, des agapes copieuses pour commémorer le défunt.[66]

Concluons ce chapitre avec Vincent Mulago que les Africains

> *ont une foi ferme dans la survie et les relations réciproques entre les vivants et les trépassés. Il existe une interprésence entre les deux groupes. Tout décès affecte tous les membres de la communauté, et plus proche est la parenté, plus grande est l'affection. D'où la période du deuil durant laquelle la vie est comme suspendue. Comme une partie du groupe a été frappée, tout le groupe est menacé de mourir, est atteint par la mort*[67].

---

[65] Cf Michel Kouam –Marcus Ndongmo, *Mort et funérailles en Afrique noire*, p. 21.
[66] Bernard Maillard, *Les structures socio-religieuses de la chefferie de Bandjoun*, p. 206-207.
[67] Mulago Gwa Cikala, « Symbolisme dans les religions traditionnelles africaines et le sacramentalisme », in *Revue de clergé africain*, 4-5 (juillet 1972), p. 482.

CHAPITRE V. LE SALUT DANS LES RELIGIONS TRADITIONNELLES AFRICAINES

La conception du salut est facteur de la conception de l'homme et de la vision du monde d'une société donnée. L'homme par nature est en quête du bonheur, de son accomplissement et il est à la recherche des moyens pour atteindre ce bonheur selon les échelles de valeur que sa société lui présente. Il pense que lorsqu'il gravite ces échelles de valeur, il est accompli. Le salut a deux dimensions : une dimension temporaire et une dimension eschatologique.

1. La dimension temporaire du salut

Qu'est ce qui représente chez l'Africain une grande valeur dans sa vie terrestre ? L'Africain a un très grand amour pour la vie. Elle est le plus beau cadeau qu'il a reçu du créateur et désire la préserver. Toutefois, il a conscience de sa fragilité et de sa dimension mystérieuse. L'Africain conçoit cette vie comme quelque chose qui oscille entre deux forces opposées : une force bienveillante et une force maléfique. Pour s'épanouir, il faut s'attirer des forces bienveillantes et se protéger des forces malveillantes. Les Africains ont institué des féticheurs, des devins et des guérisseurs pour veiller à la sauvegarde de la vie et aider les gens à atteindre leur plein épanouissement. Généralement, ces personnes possèdent l'art de neutraliser les actions des esprits malveillants et des sorciers au moyens des fétiches qu'ils préparent et recommandent de les porter sur le corps, de les enterrer à l'entrée des maisons, dans le champ ou de les mettre sur les toits. Ces fétiches donnent une sécurité psychologique à ceux qui s'en servent ou mieux les libèrent de la peur. La confiance mise dans les fétiches tranquillise l'Africain et lui donne l'impression qu'il est immunisé ou qu'il a acquis une espèce de salut.

La santé est aussi une dimension de salut en Afrique. Elle est la marque d'une manifestation de l'énergie vitale. Elle est un signe révélateur de l'harmonie de la personne avec la communauté des vivants comme celles des morts, car on conçoit que la maladie peut être due à une transgression des règles communautaires ou une infliction des ancêtres. Le devin examine toujours si une maladie n'est pas cause d'une violation d'un interdit.

La transmission de la vie est l'autre source de bonheur en Afrique. L'ancêtre survie dans sa progéniture et c'est elle qui le canonise en lui donnant les honneurs. La personne qui n'a pas procréé est malheureuse en Afrique. Le célibataire est considéré comme quelqu'un qui n'a pas vécu et à sa mort, il est enterré avec des insignes signifiant la malédiction. Dans certaine culture, on l'enterre avec une pierre à la main pour signifier qu'il a passé une vie stérile comme la pierre qui ne procrée pas et par conséquent est sans vie comme une pierre. Par contre celui qui a procréé a transmis la vie et demeure vivant même après sa mort par la communion avec sa descendance.

L'harmonie et la paix est aussi vues comme des hautes valeurs en Afrique. Le désordre est la résultante des relations rompues soit entre les vivants soit entre les vivants et les morts. L'homme est tenu d'obéir à la tradition, au respect des interdits, à l'entretien du climat de paix pour maintenir la communion. Une place est réservée au palabre et elle consiste à résoudre les litiges et à pacifier les membres de la famille, du clan et du village.

En Afrique subsaharien, le bonheur ne consiste pas nécessairement dans la possession des biens matériels. Ils peuvent être des moyens pour poursuivre le bonheur comme pour créer son malheur. Leur accumulation est inutile s'ils ne peuvent être l'objet de partage avec les autres. Ainsi, on dit que le bonheur de l'homme ne réside pas dans l'avoir mais dans le partage. C'est pourquoi, remarquait Mgr Jean Zoa, une phrase comme celle-ci : « Dieu a créé le monde pour la prospérité et l'abondance fait peur à l'Africain ». Dans sa mentalité, tout ce qui évoque le bonheur, la réussite sociale par l'acquisition des biens est entouré de soupçon. Chaque fois qu'un frère ou une sœur réussit en affaires, il doit s'expliquer devant la communauté, car on conçoit que les choses de cet ordre ne peuvent résulter que d'un pacte signé avec le diable et nécessairement avec une contrepartie qui ne peut être que la vie d'un proche (membre de la famille ou du clan) à sacrifier. La réussite sociale, constate Mgr Zoa, au lieu d'être un motif de joie en Afrique engage plutôt la haine, la méfiance entre les membres de la famille ou les membres de la communauté pour la seule raison qu'on ne la conçoit pas comme le résultat de la mise en valeur des facultés que Dieu a mises à la disposition de l'homme pour participer à sa mission de cocréateur, mais comme un gain anormal qui exige l'élimination de quelqu'un de sa famille ou du clan.[68]

En somme, on peut dire que le salut terrestre de l'Africain dépend de son respect des interdits et des ancêtres, des rites accomplis ou des sacrifices offerts pour se réconcilier leur faveur, de son esprit de solidarité avec la communauté clanique.

2. Le salut dans l'au-delà

Chez l'Africain, la mort est une intrusion de désordre dans la vie harmonieuse du village. Elle possède une puissance contre laquelle la communauté ne peut rien, d'où les pleurs et les lamentations qui traduisent la grande déception. La communauté se résigne aux lois de la mort, reconnaît sa victoire en prenant soin de l'inhumation de son membre, mais négocie pour son introduction dans le village des ancêtres. Elle sublime le choc dramatique de la mort en la considérant désormais comme un voyage de son membre vers le village bienheureux des ancêtres. Les rites, les sacrifices, les danses, les interdits et autres prescriptions sont des moyens dont se servent les vivants pour accompagner leur mort dans son voyage. Le deuil continue sous forme adoucie après l'inhumation et progressivement commencent les rites de reprise de la vie ordinaire. Les agapes de la fin du deuil prévue après une certaine durée sonne l'arrivée du défunt au village des ancêtres.

---

[68]Cf Mgr Jean Zoa, Homélie du 18.06.1994.

Il est difficile de déceler la pensée africaine sur l'au-delà, mais tout porte à croire que les ancêtres continuent à mener la même vie qu'avant mais à l'envers. Ils travaillent la nuit et se repose le jour. Ils viennent visiter les vivants souvent dans leur sommeil et peuvent communiquer avec eux par les rêves. Mais beaucoup de choses les diffèrent des vivants car ils n'ont plus besoin de leur corps pour agir. Ce village des ancêtres est un lieu de joie et de bonheur même si l'on ne connaît pas de manière détaillée sous quelle forme ils se manifestent. Il n'y a pas de doute que les ancêtres sont proches de Dieu et c'est pour cela qu'ils disposent une connaissance plus puissante des vivants. Selon le Cardinal Arinze, les ancêtres vivent dans le pays bienheureux des esprits où ils occupent le quartier général. Ils n'oublient jamais leurs enfants.[69]

Mais il se trouve des cultures qui soutiennent que les ancêtres ne connaissent pas de bonheur de la manière des saints dans le paradis du christianisme. Pour ces cultures, les ancêtres connaissent plutôt le malheur et c'est pour cela qu'ils font excursion chez les vivants pour les contaminer de leur malheur. Mujynya, par exemple, pense que « la meilleure place pour l'homme dans l'univers bantu est en ce monde où il peut accroître, fortifier et épanouir sa force vitale ».[70]Dans ce sens, le bonheur du défunt ne dépend pas de lui-même mais de sa progéniture qui perpétue sa mémoire en faisant croître le flux de vie auquel il a contribué en procréant. Le défunt qui n'a pas laissé de descendance vit alors malheureux.

[69] Cf Arinze, C. F. Sacrifice in Igbo traditional religion, St Stephan's Press, Onitsha, cite par Cf Emmanuel Chenedu Anagwo, « Cult of ancestors and saints from the Igbo (Nigeria) Experience: A liturgical evaluation", in *Grace and thruth*, 35(October 2018), p. 13.

[70] E. Mujynya, « Le mystère de la mort dans le monde bantu », in *CRA*, 3 (1969), p. 207.

CHAPITRE VI. L'OUVERTURE DES RTA AU DIALOGUE INTERRELIGIEUX

L'Afrique peut beaucoup apporter au dialogue interreligieux avec sa méthode de résolution des conflits et de la recherche de la paix. Les peuples d'Afrique comme insinuait Jean-Paul II dans l'introduction de notre exposé sont très sensibles à la réalité de péché. Comme dans les autres religions (Islam et christianisme), la réalité du péché est préoccupante dans les religions traditionnelles africaines. Les Africains désignent le péché comme le mal moral (SEM pluriel MISEM en Bëti). Une société ne peut vivre ou évoluer sans conflits, car l'homme est de nature faillible d'une part mais aussi ondoyant et divers d'autre part. A en croire Héraclite d'Ephèse, le progrès n'est possible sans les conflits qui font naître de nouvelles situations. Autrement dit, les conflits, si négatifs qu'ils soient, peuvent être des occasions pour innover. Néanmoins, même s'ils sont inhérents à notre nature humaine, l'on sait que restés sans les résoudre, ils empoisonnent les relations humaines et exposent non seulement les individus à s'autodétruire mais mettent aussi toute la société en péril. Le conflit est donc un mal qui exige à être exorcisé. Il advient quand une personne offense une autre ou quand elle viole les lois sociales. C'est pourquoi les sociétés ont mis sur pied des mécanismes pour réconcilier les personnes en conflit entre elles pour les sauver du gouffre et par conséquent la société elle-même. Les Africains pensent que toute souillure à cause du mal commis ou à cause de la transgression d'une quelconque loi peut être réparée et que la vie humaine mérite d'être sauvée en dépit des péchés. On exprime cela par le proverbe : « c'est le mal qu'on rejette, on ne rejette jamais un être humain ».[71]Nous voulons traiter dans cette partie de cet exposé un mécanisme mis sur pied par les sociétés africaines pour réconcilier leurs membres engagés dans les conflits avec leurs semblables ou des êtres métaphysiques (les ancêtres, les esprits et Dieu). Il s'agit de la palabre

[71] Proverbe bamiléké.

africaine. Mais il convient en premier lieu de traiter de la pensée africaine sur les conséquences du mal puis examiner ce moyen que les Africains déploient pour traiter les conflits qu'on appelle la palabre africaine, ses forces et ses faiblesses et enfin voir comment il peut être utile à la société et à l'Eglise contemporaine en Afrique.

1. Problème du mal dans les RTA : La malédiction

En Afrique, on pense que le mal peut avoir des conséquences négatives non seulement sur le fauteur mais aussi sur sa progéniture et même son clan. On désigne par malédiction ces conséquences. Le mal, c'est la violation d'un interdit ou de ce qui est défendu de faire ou de dire ou encore de ce qui est indigne. La violation d'un interdit peut être source de malédiction. La violation de ce qui est défendu entraîne la punition, tandis que poser un acte ou dire une parole indigne entraîne la honte ou entame la réputation de la personne.[72] En effet, la malédiction est originellement une parole négative qu'une victime prononce à l'endroit de son bourreau ou de celui qui l'a offensée qui peut devenir efficace en produisant des effets. Toutefois, la faute doit être grave ou récurrente pour que la malédiction puisse être proférée ou puisse avoir d'effet. Selon Bernard Maillard, « personne ne semble être maudit sans avoir été préalablement averti de son erreur et invité à s'amender ».[73] La malédiction est généralement une parole de vengeance ou d'interpellation du fauteur à reconnaître sa faute à se repentir en se réconciliant avec sa victime ou la société, faute de quoi il encoure une punition divine. Elle agit comme une bombe à retardement. Autrement dit, le coupable peut n'être frappé de malédiction proférée qu'après la mort de celui qui l'avait maudit. Si la malédiction est proférée par la victime (innocente et faible), l'exécution est du ressort de Dieu et des ancêtres, garants de toute justice. On dirait que s'ils tardent à réagir, c'est pour donner le temps au coupable de se

[72] Cf *Pirogue*, 68 (premier semestre 1988), p. 4.

[73] Bernard Maillard, *Pouvoir et religion. Les structures socio-religieuses de la chefferie de Bandjoun (Cameroun)*, p. 215.

repentir en reconnaissant et en expiant sa faute. C'est ainsi que les gens, au stade moribond, font toujours venir leurs familiers autour d'eux et les personnes qu'ils auraient offensées, pour la confession et la réconciliation afin qu'après eux, la malédiction ne poursuive pas leurs progénitures. De ceci découle la croyance qu'il faut saisir à temps l'occasion pour se réconcilier avec son adversaire. Mais aussi, si les adversaires par orgueil, par crainte ou par honte n'entreprennent pas par eux-mêmes l'engagement pour la réconciliation, la société se trouve obligée de leur forcer la main surtout si des malheurs (maladies graves ou récurrentes, stérilité, folie, morts précoces, accidents…) sont en train de les menacer ou de menacer leur entourage.

« Tout enfant est tenu de respecter ceux qui lui ont donné la vie »[74] Celui qui manque de respecter son parent encourt une malédiction. Ceci peut advenir du vivant du parent et même après sa mort. De la malédiction résulte, les échecs, les accidents, la malchance et même les décès de la personne maudite ou de ses proches.

1.1. La palabre africaine, cadre pour la réconciliation entre les vivants

La palabre en Afrique n'a rien à voir avec les disputes et les tiraillements sans fin. Elle peut être d'une part une juridiction visant à résoudre les conflits entre membres d'une société ou d'autre part, une assemblée convoquée à la recherche d'un consensus pour garantir l'unité et l'harmonie dans une communauté donnée. Dans l'un ou l'autre cas, c'est l'intérêt de la société qui doit l'emporter sur les intérêts des individus. La différence est que le premier cas est curatif et le deuxième préventif. C'est donc le premier cas qui nous préoccupera le plus dans ce travail.

C'est sous l'arbre à palabre (un baobab ou autre arbre imposant) ou dans un carrefour ou un hangar aménagé pour la circonstance que se tient la palabre pour

[74] *Ibidem*, p. 216.

résoudre des litiges non en vue de condamner les belligérants, mais de les amener à accepter leurs torts et à recevoir le pardon mutuel et celui de la communauté. Elle obéit à une démarche à plusieurs étapes. On peut regrouper toute la démarche à trois niveaux : la pré-palabre, la palabre et l'après-palabre.

1.2. La pré-palabre

- La première étape consiste à l'identification d'un problème. Deux frères, deux voisins ou deux groupes de personnes se haïssent ou sont en conflit. Soit un des concernés saisit le problème ou des personnes tierces et souhaite qu'il aboutisse à une fin. Ainsi, il faut passer à la seconde étape.
- La personne ayant identifié le problème ou la société saisit le chef de la communauté ou le chef de famille.
- Le chef consulte ses conseillers avec qui il détermine une date pour la convocation de la communauté ou de toute la famille avec les personnes en conflit.
- La date arrivée, l'assemblée est convoquée et les concernés présentés à l'assistance avec les chefs d'accusation.
- On choisit un ou deux modérateurs qui sont ou doivent être des personnes qui savent bien manipuler la parole, utiliser les proverbes et des adages en plus de la connaissance des traditions et des coutumes. Dans certains cas, un temps leur est donné pour que, par ruse ou par expérience, ils arrivent à recueillir discrètement ou subtilement les informations des deux côtés.

1.3. La palabre proprement dite

- Le modérateur ou l'un des modérateurs, ouvre le procès. Il commence par faire les éloges du chef ; puis, il exprime son angoisse de voir sa communauté ou certains de ses membres au bord de la destruction ; il présente succinctement le problème et déclare l'assise ouverte au nom du chef.

- Le modérateur donne d'abord la parole au plaignant, puis à l'accusé et par la suite aux témoins des deux côtés.
- Ayant écouté les concernés, les assistants peuvent donner leur avis en commençant par les notables ou les aînés. On écoute chacun avec attention et patience, ce qui fait que les échanges peuvent prendre des jours, voire des semaines.
- Le chef est celui qui va trancher après avoir écouté l'avis de ses conseillers chargés de dégager le consensus ou de peser les positions qui se dessinent à partir des échanges.
- Le modérateur prend de nouveau la parole, montre le bien-fondé de la décision du chef qui vise toujours la réconciliation et l'harmonie sociale. Il agrémente sa démonstration avec des proverbes, des adages et des citations. Sa parole est performante et doit engager les personnes en conflit à une véritable réconciliation.
- Le coupable ou le fautif se place devant la communauté, reconnaît sa faute et demande le pardon de son adversaire et de la communauté. Il peut arriver que ce soit deux personnes ou des groupes qui soient coupables. Là, ils se demandent pardon mutuellement et à la communauté. Chez les Bamiléké, comme symbole du rejet du mal issu du conflit, tous les membres de la communauté réunis pour la réconciliation soufflent sur les cendres avec les personnes en litige en maugréant le mal et en lui demandant de ne plus retourner opposer les hommes. La cendre est symbole du mal brûlé ou détruit qui laisse pousser de nouvelles situations et les fertilise même.

Le signe de la réconciliation qui suit le rejet de la cendre lors de la cérémonie de la réconciliation sous l'arbre à palabre, c'est le partage de la kola d'amitié. La kola est un fruit très amer, mais qu'une fois bien mâché, change de goût dans la bouche et devient sucré. L'amertume représente le mal que le péché a introduit entre les rivaux et la sucrerie symbolise la paix ou l'amitié retrouvée. La réconciliation demande de chacun un sacrifice, l'humilité, l'aveu de la faute commise et la réparation. Une bonne parole est dite pour remplacer la mauvaise, la haine qui avait déchiré les cœurs est vomie, les ennemis d'avant se serrent les mains. Dans certaines sociétés, c'est le vin ou autre boisson qui est l'élément de réconciliation. Le coupable après avoir avoué sa faute et demandé le pardon de son adversaire s'agenouille et forme un gobelet avec le creux de ses deux mains jointes. La personne victime verse quelque goûte du liquide et l'autre boit. Si la faute est partagée, les deux le feront réciproquement. Les personnes fautives peuvent être taxées d'une amende symbolique, signe de réparation (fagots de bois, offre de vin de palme ou de raphia pour une cérémonie en vue…), de la demande de retrait des rassemblements publics pendant un temps selon la gravité de la faute suivi de l'insertion.

On repart du lieu de la palabre avec des branches d'arbre de paix, symbolisant la joie retrouvée des cœurs. A l'issue de la palabre, on considère qu'il n'y a ni vainqueur ni vaincu. On repart sur une nouvelle base. Selon le professeur Fweley Diangitukwa,

« Le but initial de la palabre est de parvenir à une solution concertée sans pénaliser l'une ou l'autre partie, tout en préservant les relations sociales. C'est une institution qui possède un règlement non écrit qui doit être observé par tous. Elle sert à traiter les litiges de manière traditionnelle en s'imprégnant des faits sociaux de la communauté ».[75]

[75]http://www.contrepoints.org/2015/05/22/208414-de-la-palabre-africaine-a-la-democratie [consulté le 23.08.2016].

1.4. L'après-palabre

L'étape après palabre vise à bien réintégrer ou à bien normaliser la relation entre les anciens belligérants. Si un d'entre eux ou tous les deux sont frappés de retrait temporel des lieux publics, quelques membres de la communauté reconnus pour leur intégrité et surtout de leur famille sont invités à ne pas faire d'eux des parias. Ils doivent veiller à les encadrer pendant ce temps en les aidant à subvenir à leur besoin, à hâter vraiment l'entente entre eux ou la réconciliation effective. La société vise à ne pas perdre son membre mais à le récupérer. Il est même permis que ce temps de retrait temporel soit vécu chez les familiers ou les amis pour éviter que le concerné ne s'angoisse pas beaucoup à cause de la solitude.

1.5. Forces et faiblesses de la palabre africaine

La palabre nous situe devant une manière de résoudre un conflit sans raidir le binaire vainqueur-vaincu. Elle est efficacement corrective par rapport à la justice moderne qui ne vise pas en premier lieu la réconciliation entre les belligérants mais la punition du fautif et le paiement des dommages aux victimes et aux justiciers. La paix est sauvée plus par la sanction et nécessairement par la persuasion du fauteur de son tort et la volonté de le conduire à changer. Par ailleurs, dans la justice moderne, le vaincu sort en quelque sorte humilié. Dans la plupart des cas, on l'incarcère avec une volonté de lui priver de liberté temporairement ou définitivement. Dans la situation de l'Afrique actuelle, la prison est loin d'être une maison correctionnelle. Les délinquants incarcérés sortent des prisons pires qu'avant. Par ailleurs ce sont des lieux où la dignité humaine est peu respectée. La palabre africaine par contre donne l'occasion aux belligérants de se tendre la main sous le regard de la société. Léon Messi la qualifie d'une « haute école de sagesse où sont sortis ceux qu'on qualifie de sages d'Afrique, c'est-à-dire ceux qui savent résoudre les différends par la voie de négociation pour se réconcilier grâce à cette méthode d'autocritique, laquelle fait que des opposants d'hier deviennent des alliés aujourd'hui ».[76] L'après-palabre vise l'intégration dans la société du fautif, certes progressivement, mais sans beaucoup d'humiliation.

Cependant, la palabre africaine a des faiblesses comme toute œuvre humaine. La désignation, palabre ne venait pas au départ des Africains, mais des Européens qui observaient que dans la résolution des litiges, les Africains se rassemblaient pour de longues disputes avec beaucoup d'embrouillements entre les intervenants, des discours parfois de trop, décousus et prolixes.[77] Le Père André Albert qualifiait la palabre africaine d'une propriété des sociétés oisives.[78] Si l'on peut reprocher, à juste titre, à ces Européens leur jugement hâtif imbu de préjugés ethnocentriques, on ne peut ne pas nier que le consensus a parfois de la peine à se dégager de la palabre africaine du fait que les personnes à écouter sont nombreuses et que certaines n'interviennent à dessein que par sentiment et non par souci de vérité. Dans beaucoup de sociétés africaines on a de la peine à culpabiliser le sien à cause de la pesanteur du caractère social qui agit sur les individus comme un atavisme. Si les modérateurs ou les chefs chargés de décider de la sentence ne sont pas des personnes d'un moral fort et d'une grande honnêteté, la palabre ne débouchera pas à une bonne issue ou à un dénouement heureux et satisfaisant. Dans de pareil cas, on a recours à des méthodes superstitieuses, comme la voyance, le cadi ou l'épreuve de la tortue... pour prétendre déboucher à la prétendue vérité, qui fait plutôt des victimes innocentes.

Toutefois, si elle est effectivement guidée par des sages expérimentés et désintéressés, le temps perdu n'aura pas été vain car il permet d'écouter chacun sans le léser et, si possible, de dégager le consensus après avoir convaincu ceux qui n'ont pas eu raison.

---

[76] Léon Messi, « Le sens de la réconciliation selon la tradition Beti », in *Mélanges à l'occasion des vingt-cinq ans de l'Ecole théologique Saint Cyprien*, ETSC, Yaoundé 2004, p. 336.

[77] *Ibidem*, p. 335.

[78] Cf R.P. André Albert, *Au Cameroun Français Bandjoun*, Les Editions de l'Arbre, Montréal, 1943, p. 185.

2. La purification de la mémoire ou la réconciliation avec les défunts

Avec la croyance que la faute des parents peuvent avoir des conséquences sur leurs descendants même après plusieurs générations, les Africains ont instauré un autre processus de réconciliation appelée la purification de la faute des ancêtres ou l'évacuation de la malédiction. La malédiction, avons-nous dit, est généralement une parole de vengeance ou d'interpellation du fauteur à reconnaître sa faute et à se repentir pour ne pas encourir une punition divine. J'ai connu dans mon enfance trois femmes de mon village qui sont devenues déséquilibrées mentalement à un certain moment de leur vie. Le peuple interprétait cela comme l'effet d'une malédiction proférée par un fou aux mamans des trois femmes qui l'avaient torturé parce qu'il avait probablement saccagé leurs affaires. Selon les témoins, le fou leur avait dit : « Vous m'avez maltraité ! Attendez ! Les choses arrivent derrière vous ». En français, la phrase n'est pas restituée avec toute sa teneur. Le « derrière vous » ici signifie « après vous », car on pense dans la mentalité africaine que ce qui est derrière nous est ce que nous ne voyons pas encore. L'histoire est plutôt devant nous parce que nous avons vu et expérimenté les événements qui la constituent et le futur est derrière nous parce que nous ne le voyons pas encore et nous ne sommes même pas sûrs de le voir. Tout se passe comme si nous avancions dans l'histoire par le dos, autrement dit, à tâtons, devinant seulement le futur constitué des obstacles sur lesquels nous trébucherons mais aussi des bonnes opportunités que nous exploiterons en les traversant.

Pour revenir aux trois femmes malades, on disait donc que c'est la malédiction proférée par le fou à leurs mères qui agissait sur elles alors que le fou n'était plus vivant et probablement les coupables. On dit en Afrique que celui qui se moque d'un handicapé encourt le risque de devenir lui-même handicapé ou de donner naissance aux handicapés ; aussi que celui qui ne prend pas soin des laissés-pour-compte encourt le risque de devenir lui-même un infortuné, rejeté même par les siens. D'où, les enfants sont éduqués dès les bas-âges à ne jamais se moquer des personnes qui manquent l'un ou l'autre sens ou des malades mentaux, d'exercer la générosité envers eux pour ne pas encourir des malédictions.

On croit aussi qu'une malédiction peut agir sur la progéniture du coupable sur plusieurs générations jusqu'à ce que des sacrifices d'expiation ou que la réconciliation puisse être faits. Ainsi, les échecs répétés, les accidents, les déformations physiques et mentales, les morts précoces... sont parfois interprétés comme les conséquences des malédictions encourues par un ancêtre qui agissent sur leurs descendants. De ce qui précède, tout homme est invité à expier ses péchés ou à se réconcilier avec Dieu, les ancêtres et ses semblables pour ne pas souiller sa progéniture de ses péchés. Quand on aime sa descendance, on a pitié d'elle et il faut faire tout et tout pour expier ses péchés, payer ses dettes, pour que sa progéniture ne subisse pas le châtiment d'une quelconque malédiction qu'on a contactée de son vivant. Aussi, si l'on pressent qu'on va mourir avec une dette physique ou morale, il faut mettre ses enfants au courant pour qu'ils les épongent après la mort de leur géniteur ou génitrice. On peut ainsi s'accorder avec Bernard Maillard que la malédiction peut être considérée comme « un moyen efficace de faire respecter les lois morales et la solidité des lignages et de la chefferie ».[79]

Quand on veut se réconcilier avec les défunts on fait une purification de mémoire. En Bamiléké, elle s'appelle « bvenye », littéralement « l'effacement ». Quand une famille pense être menacée par le fait que leur aïeul ne s'était pas réconcilié avec son ou ses adversaires, elle organise la cérémonie de purification. Tout le lignage se rassemble dans la cour de la concession de leur ancêtre. Un spécialiste aidé d'un adjoint préside la cérémonie. Les descendants de l'ancêtre coupable se tiennent en cercles autour d'eux, les plus âgés en avant et les plus

[79]Bernard Maillard, *Pouvoir et religion. Les structures socio-religieuses de la chefferie de Bandjoun*, p. 217.

petits derrières. Une poudre rituelle est écrasée sur une pierre plate à l'aide d'une autre pierre ronde ou ovale mais plus petite. L'adjoint au président de la cérémonie racle la poudre sur la pierre et la rassemble. Puis il y ajoute certains ingrédients chargés de puissance mystique. Le président de la cérémonie fait couler le sang d'une partie d'un poulet égorgé pour le mélanger à la poudre mystique. Il peut encore y mélanger avec des produits vivriers. Il distribue ensuite à tout le lignage après avoir invoqué l'Etre suprême et les ancêtres pour qu'ils lui enlèvent la malédiction qui pèse sur ses composantes. Il asperge aussi l'espace alentour de la poudre mystique. Chaque membre du lignage présent peut emballer sa poudre de protection dans un sachet, sûr que le malheur qui le poursuivait est exorcisé et que l'adversaire de son aïeul le laissera désormais tranquille. Après cela, on se souhaite la paix et les agapes sont partagées à tout le monde et même les passants en ont part. On remercie pour terminer le maître de cérémonie et son adjoint en leur donnant des cadeaux préparés pour la circonstance. Ils sont les premiers à quitter les lieux tandis que les membres de la famille se partagent encore des nouvelles, s'exhortent mutuellement. Ils terminent souvent par se promettre fidélité que personne d'eux ne reproduira plus la faute qui fera souffrir ses descendants ou qui traînera d'autres malédictions sur leur lignage. En effet, tous les rites autour des ancêtres sont des symboles de ce resserrement des liens.

CONCLUSION

Nous reconnaissons avoir parlé des Religions traditionnelles africaines que sur ces points positifs. Cela peut donner l'impression que nous en faisons le prosélytisme. Ce n'est pas notre but. Notre orientation a été dictée par le but de savoir si les religions traditionnelles africaines peuvent aussi apporter au dialogue interreligieux. C'est ainsi que nous nous sommes intéressés plus à ses valeurs, lesquels parcourent nos veines encore. La profession de foi musulmane ou le baptême chrétien n'a pas fait disparaître dans les paroles ou dans l'eau bénite toute la culture qui constitue notre être d'Africain[80]. En d'autres termes, nos parents et nous-mêmes n'avons pas embrassé les religions abrahamiques (Islam, christianisme) comme un débarras des valeurs de nos cultures et de nos traditions. A en croire l'historien congolais Kay Malu,

> *Les indigènes ne sont guère partis se jeter, pieds et mains liés, dans les bras des missionnaires. Ils ont à leur manière observé, jugé et inventé des moyens capables de les insérer dans le nouvel ordre venu de l'Occident [ou de l'Orient] sans compromettre leur propre tradition qu'ils estimaient indispensables à leur destinée historique.*[81]

Ces religions ont des champs d'intérêts qu'elles partagent surtout avec les religions abrahamiques qui occupent aussi le terrain en Afrique, notamment : la croyance de deux mondes, visible et invisible ; la croyance au caractère communautaire de ces deux mondes ; l'intercession entre les deux mondes, la transcendance du monde invisible qui n'entrave pas son immanence ; la croyance en un Etre suprême, Créateur et Père de tout ce qui existe[82]. Depuis quelques décennies, se développe la théologie africaine qui vise une

---

[80] Cf Abbé André Marie Kengne, *La croix et l'arbre sacré. Essai sur les rencontres entre christianisme et les cultures africaines*, Aeterni, Bafoussam, 2020, p; 61.

[81] Flavien Nkay Malu, *La mission chrétienne à l'épreuve des traditions ancestrales* (Congo Belge 1893-1933), Karthala, Paris 2007, p. 15-16.

[82] Cf Mulago Gwa Cikala, Symbolisme dans les religions traditionnelles africaines et le sacramentalisme, in Revue de clergé africain, 4-5 (juillet 1972), p. 468.

réinterprétation des religions révélées en relation avec les RTA.[83] En effet, l'on a compris que l'évangélisation « perd beaucoup de sa force et de son efficacité si elle ne prend pas en considération le peuple concret auquel elle s'adresse, n'utilise pas sa langue, ses signes et symboles, ne répond pas aux questions qu'il pose, ne rejoint pas sa vie concrète ».[84] L'émergence des théologies africaines est aujourd'hui une réalité tentant d'intégrer une vision du monde, la sensibilité, certaines croyances et pratiques africaines dans le discours théologique et la pratique pastorale des Eglises. Dans un échange avec les RTA, ces religions pourront beaucoup bénéficier non seulement dans le domaine théologique, mais aussi dans la morale, le droit et la spiritualité. Les jeunes Africains et Africaines méritent qu'on leur enseigne que leurs ancêtres ne vivaient pas autant dans la barbarie comme on a souvent dit. Ils possédaient aussi le bon sens qui, selon Descartes, est la chose du monde la mieux partagée et grâce auquel ils ont élaboré des bonnes manières de résoudre les différends. Certes, le monde moderne impose des exigences inconnues du temps de nos aïeux (grandes villes, notion d'horaire, argent, hétérogénéité…), mais cela n'est pas une raison pour ne pas théoriser voire innover avec des modes inspirées de nos pères. On peut toujours voir comment les adapter aux exigences de notre temps. Il est méritoire de les redécouvrir et de les retravailler pour l'innovation d'une Afrique moderne qui aspire participer au rendez-vous du donner et du recevoir en sortant de l'aliénation culturelle.

En somme, les chercheurs doivent savoir qu'une étape est terminée, la phase de revendication de la reconnaissance de nos valeurs. Nous devrons quitter les polémiques et le complexe d'infériorité. Ils ont été nécessaires comme dans toute rencontre des inconnus. Il y a un temps pour bagarrer et un temps pour dépasser la bagarre et dialoguer. Le dialogue est une catharsis. Elle nous libère des

[83] Cf Philippe Dénis-Françoise Rossart-Jean-Marie Vante, « Regard changeant dans une continuité d'intérêt. Les religions africaines à l'université de Louvain », in *Histoire & Missions chrétiennes*, 3 (septembre 2007).

[84] Paul VI, *Evangelii Nuntiandi*, n° 63.

tensions internes et des attitudes d'agressivité et nous attendrit le cœur. Le constat de Sartre qu'autrui me chosifie est fondé. La première impression qui se dégage de nous quand nous rencontrons un intrus ou une personne qui ne nous est pas familière et même de fois des personnes familières, c'est que la personne veut nous menacer ou nier notre existence. On interprète son regard, sa mine et cela nous prédispose à nous mettre sous nos gardes. Mais avec le dialogue, on assainit la situation. La parole échangée dans le dialogue permet de nous libérer du climat d'agressivité et d'hostilité. Sans parole, l'homme est défait, désarticulé, déshumanisé.[85] Le dialogue permet à l'homme de percevoir le monde comme habitable et habité.[86]La parole dévoile, décode, transfigure. Un parcours dans l'histoire de l'Eglise nous montre que l'Eglise arrive toujours difficilement à convertir les mentalités, les croyances et les pratiques rituels des peuples, mais à force de dialogue avec les cultures de ces peuples et la patience, elle arrive à tolérer certains rites et croyances voire à leur redonner une considération chrétienne et même à les intégrer dans sa liturgie et sa théologie. Par ailleurs :

> *Etant entendu que le salut de l'humanité aujourd'hui se trouve étroitement lié à la sauvegarde de la nature, la mystique du respect de la nature qu'offrent les religions traditionnelles africaines ne saurait plus être occultée ; tout comme leur contribution à l'édification de la personnalité morale et éthique des individus qui y sont attachés*[87].

---

[85] Cf Maryse Laval, « Dialogue, structure fondamentale de l'être humain », in *Spiritus*, 169 (décembre 2002), 437.
[86] Cf *Ibidem*, 439.
[87] Eli Kengne, « Préface », Frère Philippe Azeufack sj, *Culte des ancêtres et prières négro-africaines*, p. 8.

BIBLIOGRAPHIE

Albert André, *Au Cameroun Français. Bandjoun*, Les Editions de l'Arbre, Montréal, 1943, p. 185.

Aurenche Christian, *Tokombéré au pays des grands prêtres. Religions africaines et évangile peuvent-ils inventer l'avenir ?* Les éditions de l'atelier/Editions ouvrières, Paris, 1996.

Azeufack Philippe (Frère) sj, *Culte des ancêtres et prières négro-africaines*, Presses MADELIE BUSINESS, Yaoundé, 2021.

Chenedu Anagwo Emmanuel, « Cult of ancestors and saints from the Igbo (Nigeria) Experience: A liturgical evaluation", in *Grace and thruth*, 35 (October 2018).

Deschamps Hubert, *Les religions de l'Afrique noire*, PUF, Paris 1970.

Dinamou Jean-Pierre, *L'initiation traditionnelle Massa et le baptême chrétien. Etude comparative*, (Travail de fin de cycle théologique), Grand séminaire Saint Augustin de Maroua, 2001-2002 Inédit.

Emonts Johann, "The religion of the Banso Tribe", in *The Mission Call*, (July-August 1932), 100-103.

Haman Dawaï Prosper, *Famille traditionnelle Guidar et le concept de l'Eglise-famille de Dieu*, mémoire de fin de cycle théologique, Grand Séminaire Saint Augustin de Maroua, 1999-2000, inédit.

Hampate Ba Amadou, *Aspects de la civilisation africaine,* Présence Africaine, Paris 1972.

Histoire & Missions chrétiennes, 3 (septembre 2007).

Kabasele François et Alii, *Chemins de la Christologie Africaine,* Paris, Desclée, (Coll. « Jésus et Jésus-Christ », n° 25), 1986.

Kengne André Marie (Abbé), *La croix et l'arbre sacré. Essai sur les rencontres entre christianisme et les cultures africaines*, Aeterni, Bafoussam, 2020.

Kenyufoon Gloria Wirba, *The role of religious woman in the evangelisation and inculturation in Africa*, Leberit Srl press, Rome, 2009.

Jean-Paul II, « Exhortation post synodale *Ecclesia in Africa*, (14 septembre 1995) », in *La Documentation Catholique*, (1er octobre 1995), 817-855.

Magesa Laurenti, *Africain religion. The moral traditions of abundant life*, Paulines, Nairobi, 1998.

Maillard Bernard, *Pouvoir et religion. Les structures socio-religieuses de la chefferie de Bandjoun*, Ed Peter Lang, Bern-Frankfurt am Main, New-York, 1984.

Mbuy Tatah, *The faith of our ancestors*, Università Pontificia salesiana, Roma, 2012.

Mélanges à l'occasion des vingt-cinq ans de l'Ecole théologique Saint Cyprien, ETSC, Yaoundé 2004.

Melis Antonio, "I Massa del Ciad", in *Afriche* 73, 1 (2007).

Mwene Batende, « Dialogue entre le christianisme et les religions traditionnelles africaines. Bilan et perspectives au regard de « Ecclesia in Africa » », in *Pan-Africanan Congres on Evangelization*, SCEAM, Dar-es-Salam 2007.

Ndongmo Marcus– Kouam Michel, *Mort et funérailles en Afrique noire*, éditions terroirs, Yaoundé 2007.

Nkay Malu Flavien, *La mission chrétienne à l'épreuve des traditions ancestrales* (Congo Belge 1893-1933), Karthala, Paris 2007.

Neri Marcello, *Giustizia della misericordia. Europa, Cristianesimo e spiritualità dehoniana*, EDB, Bologne, 2016.

Paul VI, *Africae Terrarum*, in *La documentation catholique*, (19 novembre 1967), 1938-1955.

Paul VI, *Evangelii Nuntiandi*, (8 décembre 1975), in *La documentation Catholique*, (4 janvier 1976), 1-22.

Pirogue, 68 (premier semestre 1988).

Stamm Anne, *Les religions africaines*, PUF, Paris 1995.

Tankwe Antoine, *Du Dieu des ancêtres au Dieu de Jésus-Christ.* p. 25.

Thomas Louis -Vincent- Luneau René, *La terre africaine et ses religions*, L'Harmattan, Paris, 2004, p. 135.

Watio Dieudonné, *Le culte des ancêtres chez les Ngyemba et ses incidences pastorales,* Thèse de Doctorat de troisième cycle, Paris, 1986.

Zoa Jean (Mgr), *Homélie de Noël 1988.*

TABLE DES MATIERES

Printed by Books on Demand GmbH, Norderstedt / Germany